本书为银西铁路银川至吴忠客专工程指挥部委托项目“宁夏境
究”的结项成果。
本书受宁夏新型高校智库建设项目、国家民委“双一流”建设
目、北方民族大学应用经济学科研创新团队平台引导项目联合

经济管理学术文库 • 经济类

高铁产业的辐射带动效应研究：以宁夏回族自治区为例

Study on the High Quality Development of Inland Open Economy: A Case Study on Ningxia Hui Autonomous Region

王　瑛　李东坤　房彦兵　叶　炜／著

经济管理出版社
ECONOMY & MANAGEMENT PUBLISHING HOUSE

图书在版编目（CIP）数据

高铁产业的辐射带动效应研究：以宁夏回族自治区为例/王瑛等著．—北京：经济管理出版社，2019.12

ISBN 978－7－5096－6962－4

Ⅰ.①高…　Ⅱ.①王…　Ⅲ.①高速铁路—影响—区域经济—产业经济—研究—宁夏　Ⅳ.①F127.43

中国版本图书馆 CIP 数据核字(2020)第 010386 号

组稿编辑：杨国强
责任编辑：杨国强　张瑞军
责任印制：黄章平
责任校对：赵天宇

出版发行：经济管理出版社
（北京市海淀区北蜂窝 8 号中雅大厦 A 座 11 层　100038）
网　　址：www. E－mp. com. cn
电　　话：（010）51915602
印　　刷：三河市延风印装有限公司
经　　销：新华书店
开　　本：720mm×1000mm/16
印　　张：10.25
字　　数：201 千字
版　　次：2020 年 5 月第 1 版　　2020 年 5 月第 1 次印刷
书　　号：ISBN 978－7－5096－6962－4
定　　价：88.00 元

前　言

交通运输的产生和发展是区域经济产生和发展的基本要素，在拓展空间上具有决定性作用。离开最基本的空间拓展与可达性，区域经济难以形成规模，铁路、航空、公路以及海河道运输共同为区域经济发展提供了基础支持，除了肩负区域间人、物流联系与运输外，更带动了区域内各种产业活动之间的联系。在一些经济发达或大规模的经济开发区域，交通系统还日益明显地承担着调整经济活动空间分布，形成新的经济区域中心或经济增长点的任务。交通运输方式的每一次突破性变革都会对区域经济社会发展和演变产生重要影响。充分把握交通要素对经济活动的影响，对于理解与认识经济现象的空间布局规律意义重大。正因如此，长期以来，交通运输和区域发展的关系始终是一个重要的理论及实践问题，两者之间的关系也一直是政府、企业和学者关注与研究的重要课题之一。

交通是经济之母，铁路是交通之母，而高速铁路的问世与发展开创了铁路建设的新时代。高速铁路（以下简称高铁）被视为20世纪下半叶以来客运交通史上最重要的一次技术突破。高铁在不同国家、不同时代有着不同的界定。高铁是指通过改造原有线路（直线化、轨距标准化）使营运速率达到200千米/小时以上，或者专门修建新的“高速新线”，使营运速率达到250千米/小时以上的铁路系统。自20世纪90年代以来，中国针对高铁的设计建造、高速列车运营管理的基础理论和关键技术组织开展了大量的科学研究和技术攻关。2002年12月建成的秦皇岛至沈阳间的客运专线，是中国自己研究、设计、施工、目标速度200千米/小时，基础设施预留250千米/小时高速列车条件的第一条铁路客运专线；

2008 年 8 月 1 日，中国第一条 350 千米/小时的高铁——京津城际铁路开通运营。自此，高铁开始在中国迅猛发展，目前已建成了京津、沪宁、京沪、京广、哈大等一批设计时速可达 350 千米、具有世界先进水平的高铁，形成了比较完善的高铁技术体系和较为合理的空间网络布局。

在当今社会活动中，城际的快捷交通运输方式主要有高铁、高速公路、航空三种，高铁与其他两种交通运输方式相比具有明显的技术经济优势：一是旅行时间短。高铁的实验速度已突破 500 千米/小时，最高运营速度超过 350 千米/小时，其旅行速度约为高速公路的 2～3 倍。国外既有研究表明，在 200～1000 千米距离内，乘坐高铁的旅途消耗时间比乘坐轿车、飞机的总消耗时间要短。二是能耗低。有关数据显示，高铁使用的是二次能源——电力，其能耗约为汽车和飞机的 1/5。三是污染轻。高铁在技术上采用电力牵引、封密车身、车体和走行部降噪、建设隔音墙等手段，其无废气污染、无垃圾污染、低噪声污染的环保优势，是公路和航空无法比拟的。日本新干线资料表明，在人均二氧化碳排放量方面，汽车与飞机分别是高铁的 5.5 倍和 6.3 倍。四是占地少。双线高铁路基面标准宽度为 13.6 米，四车道、八车道高速公路路基面标准宽度分别为 26.5 米和 41.5 米，因而高铁比高速公路占地更省，效率更高。五是安全性高。既有研究统计指出，在每百万人/千米的伤亡人数比例中，当高铁为 1 时，公路为 24，航空为 0.8。此外，高铁基本不受雨雪雾等天气变化的影响。高铁的产生与发展，极大地缩短了时间和空间上的距离，这种距离缩短的直接经济社会效应是各种经济发展要素的有效流动，成本的节约和地域观念的打破，为进一步拓宽市场起到了十分重要的作用。

2016 年 6 月 29 日，李克强总理主持召开国务院第 139 次常务会议，审议并通过了《中长期铁路网规划》（以下简称《规划》）。根据《规划》，到 2020 年，一批重大标志性项目建成投产，我国铁路网规模将达到 15 万千米，其中：高铁 3 万千米，覆盖 80% 以上的大城市，将为完成“十三五”规划任务、实现全面建成小康社会目标提供有力支撑。截至 2018 年末，全国铁路营业总里程达到 13.2 万千米以上，较 1949 年增长 5 倍，其中，高铁营业总里程达到 3 万千米以上，是 2008 年的 44.5 倍，超过世界高铁总里程的 2/3，是当之无愧的“世界冠军”，而且是世界上唯一高铁成网运行的国家。目前，中国高铁动车组累计发送旅客突破50亿人次，旅客发送量年均增长30%以上。我国不但用高速、高效、环保的高铁成功解决了人口密集地区高强度、大运量的陆地旅客运输问题，还由于高铁远超越交通概念的综合优势，使沿线各地区都将或多或少受到高铁通车带来的影响。高铁的兴建对于各区域运输成本与可达性都会带来冲击，继而影响区域产业与人口成长的分布，并同时促进了装备制造、钢铁、化工、机械、电力、通信、信息技术、能源、房地产、商务、旅游、餐饮、文化等产业的发展。因此，高铁除了被用来解决交通运输的问题以外，常被赋予的政策目标是促进区域发展的均衡，国内外政府、学者都对此抱有正面的期待。可以确定的是，新建交通基础设施对沿线经济的发展起到了催化剂的作用，但其是否会扩大区域发展差距却仍然是学者们争论的话题。国外学者的研究发现①，高铁不一定能给落后地区带来最大利益。落后地区虽然能通过高铁的服务提高其可达性，也增加了与发达地区竞争的条件，但发达地区因为高铁的兴建提高了引资能力，使其能够继续保持优势，也使得主要地区的经济活动更为集中。所以，高铁对区域发展的影响是正是负并没有确切的说法。

随着高铁建设的日益深入，高铁对区域发展的影响研究的必要性日益彰显，如何科学、系统、客观地评价高铁对区域经济发展的影响，是目前地理学、交通规划、经济学等学科领域面临的一个重要问题。

高铁的建设与开通将使宁夏整个区位格局发生新的重大变化，宁夏相关地市将大大缩短与发达省市的时空距离，宁夏在区域竞争中加速崛起迎来千载难逢的历史机遇。既有的项目评价已涵盖了交通项目的建设与运营成本、直接效益（如经济成本与时间的节省）、交通事故影响效益、交通拥挤效益、空气质量等环境与可持续发展效益。研究高铁对宁夏区域经济发展的影响，认真分析“高铁经济”给宁夏带来的新机遇，超前思考，提出对策措施，对宁夏发展意义重大，毕

---

① 克鲁格曼曾运用交通成本理论和规模经济对负溢出效应作出过理论分析，他指出：在交通运输成本确定的情况下，发达地区会对欠发达地区的工业产生诱发作用，吸引生产要素流入来满足自身旺盛的需求。当要素不断地从发达地区流向欠发达地区时，发达地区的经济发展会更加迅速，而要素流出地区的经济发展会更加缓慢。其实，负溢出效应的主要表现形式就是虹吸效应，高铁的开通增强了沿线区域的区位优势，剥夺了周边地区的生产要素，使区域经济非均衡发展。

竟大型交通投资项目可能会产生的一些重大作用，是常规的成本效益分析法无法很好体现出来的。

本书是兰州铁路局科技研究开发计划立项课题“高铁对宁夏产业辐射效应研究”的最终研究成果，在此特别感谢兰州铁路局领导的高瞻远瞩及鼎力支持，希冀本书内容能够为各有关方提供帮助，并恳请相关专家批评指正。

目　录

第一章　宁夏经济社会发展现状与基础

第一节　宁夏经济社会发展概况

1958 年 10 月 25 日，宁夏回族自治区（以下简称宁夏）正式成立。作为中国唯一的省级回族自治区，在党中央、国务院的亲切关怀下和国家各部委与兄弟省区的大力支持帮助下，宁夏成立 60 多年来，经济社会发展取得了巨大成就。2018 年，宁夏国民生产总值（GDP）达到 3705.18 亿元，分别是 1978 年和 1958 年的 285 倍和 1130 倍；人均 GDP 达到 54094 元，分别是 1978 年和 1958 年的 147 倍和 307 倍，人民生活水平得到了显著提高；所有县市实现了高速相通，所有乡镇通了油路，所有行政村通上了公路，交通基础设施建设进一步加强；特色产业发展明显加快，生态环境显著改善，为今后的进一步发展奠定了坚实的基础。与此同时，宁夏的经济基础条件仍比较薄弱，地区 GDP 排名长期处于全国后列，2018 年宁夏 GDP 在全国 31 个省份中位列第 29 位，其 GDP 绝对规模尚不及广东的 5%，且与全国尤其是中西部地区部分省市的发展差距有持续扩大的趋势。此外，宁夏的生态环境仍比较脆弱，产业结构较为单一，区域内部发展不够协调。总体而言，宁夏仍面临较为艰巨的经济与社会发展任务。

一、宁夏自然地理条件

（一）地理位置

宁夏地处祖国版图的中轴线上，位于中国西部的黄河上游地区，南北相距约456千米，东西相距约250千米，东邻陕西，西部、北部接内蒙古，南部与甘肃省相连，总面积6.64万平方千米，仅占全国总面积的0.6%，是我国面积最小的省市之一。宁夏深居祖国内陆，距海遥远，若以其中部同心县为准点，西侧距大西洋约8000千米，北距北冰洋约4000千米，南距印度洋、东距太平洋平均在1400千米以上；平均海拔1100米左右，位于华北与西北的过渡地带，年平均气温8℃左右。宁夏自古以来就是内接中原，西通西域，北连大漠，各民族南来北往接触频繁的地区，是古丝绸之路的重要节点。

（二）地形地貌

从自然地理区划看，宁夏处于我国第一阶梯向第二阶梯过渡的转折地带，地势南高北低，其地貌大致可分为北部平原与山地、中部山地与山间平原、东部台地、南部黄土丘陵与山地四种类型，其中，山地占15.7%，丘陵占26.83%，平原（盆地）占26.83%，台地占17.61%，沙漠占1.78%。总体上可主要划分为宁夏平原（川区）和南部山区两个自然区，其中，宁夏平原主要是由卫宁平原和银川平原组成的引黄灌溉区，素有“塞上江南鱼米乡”的美誉。银川平原地势平坦，地形辽阔，基本上属于黄河冲积所形成的内陆平原，海拔为1090～1300米，是宁夏海拔最低的地区，黄河贯穿于银川平原之中，为银川平原的兴旺繁荣提供了丰富的水资源保障。银川平原地处中温带干旱区，冬长夏短，干旱少雨，日照充足，是典型的大陆性气候；热量资源相对丰富，年日照时间为3000小时以上，无霜期为144～160天，非常有利于农牧业生产。引黄灌区面积占全区总面积的41.20%，人口占全区总人口的55.40%，人口密度为135.40人/平方千米。南部山区主要包括灵盐台地、罗山周围山间盆地、黄土丘陵和六盘山地，自然环境和条件较差，面临较为艰巨的脱贫攻坚任务，人口密度为76.30人/平方千米，该地区回族人口占全区回族总人口的65.40%，是宁夏最大的回族聚居区，也是我国回族聚居最集中的地区。

（三）资源状况

宁夏拥有相对丰富的土地资源、便利的引黄灌溉条件与良好的光热自然环境，有利于发展立体种植和优质高效农业。宁夏平原引黄灌溉区生产水平较高，各种农作物及瓜果生长茂盛，品质优良，是全国12个商品粮基地之一。此外，在矿产资源方面，目前宁夏已经发现各类有用矿产资源46种，产地近千处，D级以上储量的矿产地110余处，这些矿产具有储量大、品质好、易开采的特点，其中，煤炭资源与非金属矿产资源比较丰富，产地相对集中，开发潜力大。尤其是煤炭作为宁夏的优势矿产资源，区内含煤地层分布面积达到17000平方千米，预测储量2027亿吨，居全国第5位。其中，已探明的环保型煤炭（灰分小于15%，硫分小于1%，发热量大于21兆/焦）164.5亿吨，占全区累计探明煤炭资源量的51.88%①。宁夏石油、天然气潜在储量大，可勘探价值高，目前已经投入开发的油田有6个。陕甘宁盆地长庆油田已探明储量达7000多亿立方米，是世界级大气田，与银川距离近，输气条件好，是宁夏发展石油天然气产业的潜在优势。

二、宁夏经济社会发展现状

（一）国民经济发展情况

1958年宁夏刚成立时，宁夏的地区GDP仅为3.28亿元，人均GDP为176元。截至1978年，经过20年的发展，宁夏地区GDP增至13亿元，人均GDP实现翻番，达到370元。改革开放以来，宁夏经济持续较快发展，GDP与人均GDP规模不断攀升。截至2000年，宁夏地区GDP规模已近300亿元，是1978年GDP规模的22.70倍，人均GDP达到5376元，是1978年的14.53倍。进入21世纪后，宁夏经济发展速度进一步加快，尤其是2010年以来，宁夏GDP规模年均增长均在200亿左右，并推动宁夏经济发展水平迈进2000亿元和3000亿元大关。2017年，宁夏GDP已经达到3443.56亿元。人均GDP水平在进入21世纪以来连续突破1万元、2万元、3万元，并于2014年突破4万元，达到42057元，2017

---

① 宁夏能源年鉴编辑委员会．宁夏能源年鉴［M］．银行：宁夏人民出版社，2008.

年进一步突破5万元，宁夏人民的收入水平和生活水平持续改善，如表1-1所示。

表1-1　宁夏主要年份地区GDP和人均GDP

指标＼年份	1978	1980	1990	2000	2008	2010	2012	2013	2014	2015	2016	2017
宁夏地区GDP（亿元）	13	15.96	64.84	295.02	1204.02	1696.39	2352.71	2590.34	2766.76	2927.01	3167.99	3443.56
宁夏人均GDP（元）	370	433	1393	5376	19609	26966	36571	39809	42057	44034	47186	50765

数据来源：历年《宁夏统计年鉴》。

从全国范围看，宁夏整体的经济发展规模仍然比较小，且在较长的一段时期内与全国其他省市，特别是中东部地区的大多数省市的发展差距有扩大趋势。改革开放以来，由于东部地区率先开放，这些地区的经济发展水平快速提升，并拉动中国整体经济规模的大幅增长。这使得宁夏地区GDP规模虽然在这一时期内呈现稳步上升的态势，但在2000年之前，其占全国的比重显著下降。从图1-1可以看出，1978~2000年，宁夏GDP占全国GDP的比重以及宁夏人均GDP占全国人均GDP的比重均持续降低，其中：宁夏GDP规模占比由0.353%下降到0.294%，而人均GDP的占比下降尤为明显，从1978年的96.104%下降到2000年的67.691%，下降了近30个百分点，这意味着宁夏在改革开放后的一段时期内，其经济发展和人民生活水平与全国同期相比，增幅明显落后，与其他地区的发展差距不断拉大。进入21世纪以来，尤其是伴随"西部大开发"战略的实施，宁夏的经济发展速度加快，其GDP占全国GDP的比重逐步上升，其中，2012年宁夏GDP规模占全国GDP规模的比重增至0.437%，人均GDP占全国人均GDP的比重则达到了91.716%；之后，虽有小幅波动，但总体呈现出较为稳定的趋势，宁夏的整体经济发展规模与速度和全国平均水平基本持平。

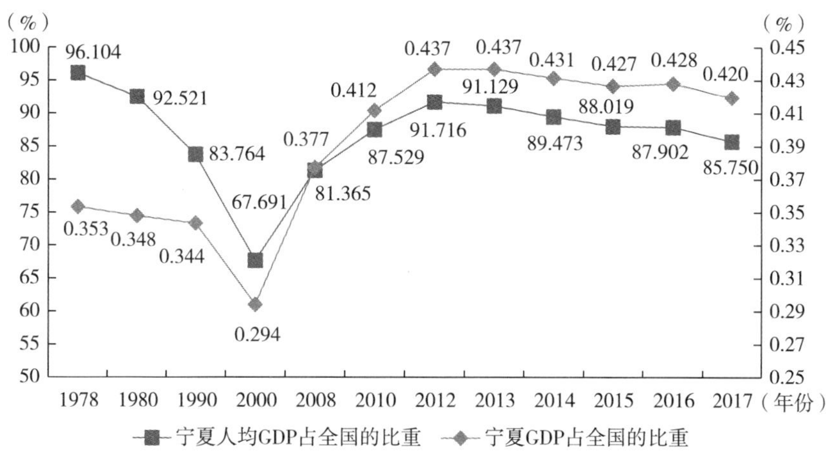

图 1－1　主要年份宁夏 GDP 和人均 GDP 占全国的比重

数据来源：根据历年《中国统计年鉴》和《宁夏统计年鉴》相关数据整理得到。

从宁夏区内各地市之间的发展情况看，区域经济发展并不平衡。实际上，宁夏各地区经济发展的差距在历史上一直存在，虽然区域差距的存在从客观上促进了区内生产要素的流动和重新组合，推动了区域经济的优化发展和综合实力的提高，但区域差距的历史延续以及不断强化使区域发展差距的负效应进一步显现。作为中心区的相对发达的地区，通过极化过程和回流效应吸引落后地区的生产要素，并在积累因果机制作用下，形成贫者越贫、富者越富的“马太效应”。从具体区域看，宁夏经济社会发展不平衡主要表现在两个方面：一是宁夏南、北部发展差距大；二是城乡经济发展不平衡。根据《宁夏统计年鉴（2018）》的数据，宁夏南部的面积占宁夏总面积的一半，但地区生产总值不足全区的1/4。宁夏经济发展对宁夏北部十分依赖，其中位于宁夏北部的银川，占全区生产总值的52.37%，而且 GDP 增长速度和人均 GDP 增长速度均居于较高位置。在银川的辐射带动下，银川—吴忠—石嘴山增长极已经初步形成，在宁夏的 5 个地级市中，上述 3 个地级市的经济发展速度、人均财政收入、人均固定资产投资额等国民经济主要指标基本位居宁夏前列。与此同时，宁夏的城乡收入差距也比较大。2017年，宁夏城镇居民人均可支配收入为 29472 元，农村居民人均 10738 元，城镇与农村人均可支配收入比为 2.74，其中，银川的城镇农村收入比为 2.52，而经济发展相对落后的中卫，其城镇农村收入比则达到了2.71，如表1－2所示。宁夏的区域经济与城乡经济的平衡发展仍面临艰巨任务。

表1－2　宁夏5个地级市国民经济主要指标（2017年）

地区	地区生产总值比上年增长（%）	人均地区生产总值比上年增长（%）	人均耕地面积（亩）	人均地方财政收入（元）	人均固定资产投资额（元）	城镇常住居民人均可支配收入（元）	农村常住居民人均可支配收入（元）
银川	8	6.5	0.96	8036	70436	32981	13087
石嘴山	7.2	6.2	1.7	2886	53136	28186	12880
吴忠	8	6.8	3.79	2341	49108	25364	10912
青铜峡	6.2	5.3	1.97	2688	43560	25547	13135
中卫	7.5	6.8	3.92	2077	22714	25344	9365
全区总计	7.8	6.7	2.86	6156	54915	29472	10738

数据来源：《宁夏统计年鉴（2018）》。

更进一步看，以西吉县为例，1978年，全区人均GDP最低的西吉与人均GDP最高的银川相比，比值是1∶3.5。2004年，这一比值扩大到1∶11.14，而这一数据在2017年已扩大至1∶17.95。根据经济发展的相对程度，可将宁夏分为经济核心区、经济腹地和经济偏远区（杨瑞，2007①），经过数据整理可知，位于经济核心区的银川、石嘴山、吴忠三地人口比重合计为34.58%，但其GDP比重却接近整个宁夏的50%（见表1－3）。而国土面积、人口数量均接近宁夏全区1/3的经济偏远区，GDP比重却还不到宁夏全区的14%。

① 杨瑞．区域发展阶段理论与宁夏经济非均衡发展［J］．武汉培训学院学报，2007（6）：107－108.

表1-3　宁夏部分区域国民经济主要指标（2017年）

经济区别	地区	人口占宁夏全区比重（%）	GDP占宁夏全区比重（%）
经济核心区	银川、石嘴山、吴忠	34.581	48.515
经济腹地	青铜峡、中卫、中宁、灵武	19.795	26.363
经济偏远区	海原、同心、彭阳、固原、西吉、隆德、泾源、盐池	31.037	13.687

数据来源：《宁夏统计年鉴（2018）》。

整体上，自1958年自治区正式成立以来，宁夏的国民经济发展迎来了重大机遇并取得了显著成就，宁夏整体的经济规模大幅增长，人民生活水平明显改善，但由于自然地理环境、历史发展传统以及经济发展阶段的影响，宁夏的区域经济发展并不均衡，并在当前一段时期内呈现区域发展差距扩大的趋势。推动经济持续增长与均衡增长仍是宁夏当前与未来较长一段时期内经济发展的首要任务。

（二）人口与社会发展情况

宁夏地处我国西北内陆地区，是全国人口最少的省份之一。第六次（2010年）全国人口普查数据显示，宁夏总人口630.14万人，其中：汉族人口408.64万人，占64.85%；回族人口217.38万人，占34.5%；其他少数民族人口4.12万人，占0.65%。截至2017年末，全区常住人口达到681.79万人，比上年末增加6.89万人，其中：城镇常住人口395.33万人，占常住人口比重（常住人口城镇化率）的57.98%，城镇化率进一步提升；回族人口达到了247.57万人，占比上升至36.31%。宁夏的人口结构较为年轻，2017年，16～59周岁劳动人口占比为65.15%，高于同期全国的劳动年龄人口占比（64.9%），且60周岁及以上人口占比为13.14%，低于全国同期老龄化率（17.3%）4.16个百分点（见表1-4）。因此，从整体上看，宁夏的人口有总量小、少数民族人口比重大、人口结构年轻、民族及性别人口受教育程度差异大等特点。

表 1-4　宁夏人口数及其构成（2017 年）

指标	年末数（万人）	比重（%）
年末总人口	681.79	100
其中：城镇	395.33	57.98
乡村	286.46	42.02
其中：回族	247.57	36.31
其中：男性	344.08	50.47
女性	337.71	49.53
其中：0~15 周岁（含不满 16 周岁）	148.02	21.71
16~59 周岁（含不满 60 周岁）	444.18	65.15
60 周岁及以上	89.59	13.14
其中：65 周岁及以上	58.03	8.51

数据来源：宁夏回族自治区 2018 年国民经济和社会发展统计公报。

从人口分布上看，宁夏人口主要分布在北部，南部次之，中部最少。以区域计，引黄灌区 12 县市人口较为稠密，占总人口的比重基本保持在 55% 左右；南部山区 8 县人口密度约为 76.3 人/平方千米，占总人口比重大致为 44.6%。银川、石嘴山、固原、吴忠人口密度分别为 260.5 人/平方千米、601.6 人/平方千米、110.1 人/平方千米、65.9 人/平方千米。宁夏人口分布反映了宁夏南、中、北部地区自然条件、社会经济发展水平不平衡的特征。北部自然条件较好的引黄灌溉区，人口较集中；中部干旱地区、南部的高寒地区人口分布相对稀疏。

从人口增长率上看，近年来，宁夏人口的过快增长虽然得到了一定程度的控制，但人口出生率与自然增长率仍然高于全国平均水平。根据 2018 年宁夏统计年鉴，2017 年全区出生人口 9.12 万人，出生率为 13.44‰，高于全国出生率（12.43‰）一个千分点；死亡人口 3.22 万人，死亡率为 4.75‰，大幅低于全国死亡率（7.11‰）；人口的自然增长率为 8.69‰，与 5.32‰的全国平均水平相比明显较高，2017 年宁夏的人口变动情况相比 2007 的出生率（14.80‰）和自然增长率（9.76‰）已出现明显下降。

宁夏的受教育水平和人口素质在近 20 年来得到了显著提升。宁夏接受过小学及以上教育的人口比例明显提高，未上学人口比例大幅下降。根据宁夏第六次人口普查的数据，截至2010年，宁夏全区6岁及6岁以上人口中，接受过小学及以上教育的人口比例为92.77%，比1990年的68.64%提高了24.13个百分点，未上学人口大幅减少。而且，在各类学历人口中，初中学历人口比重最大，超过6岁及以上人口的1/3；高中学历人口比例小幅增长，专科及以上学历人口比例成倍增长。这一变化说明，随着义务教育的普及，尤其是宁夏先后实施的“两基攻坚”“基本普及高中阶段教育”等一系列重大战略举措，在西北地区率先完成了普及九年义务教育的艰巨任务，人口学历总体层次不断提升，以小学为主的人口学历构成逐步向更高层次移动，人口受教育状况得到较大改善。

（三）对外经济

宁夏地处内陆，铁路交通曾经一度是国家铁路网的末梢，虽然近年来有较大改善，但仍未形成全面、综合、便捷的交通体系。而且，由于宁夏大部分的进出口贸易货物运输仍然主要依赖于东部海港，导致物流成本高企，产品竞争力较弱，加之与周边相邻区域联系不够紧密，所以从整体上看，宁夏的对外发展基础较弱。

自宁夏回族自治区成立以来，宁夏进出口额在较长的一段时期内发展较为缓慢，根据《宁夏统计年鉴》的数据，1958年宁夏的进出口总额仅为704万美元，其中，出口额为447万美元，进口总额为257万美元。改革开放以来，随着对外开放战略及其相关政策的逐步实施，宁夏进出口贸易取得较快发展，进出口总额从1978年的2962万美元增至1990年的8491万美元，其中出口额由2271万美元增至7679万美元，增长3.38倍，快于进出口额的整体增长速度（2.87倍）。但宁夏的进出口贸易发展速度在全国范围内仍处于后列，从而导致宁夏进出口额在全国的占比较低，且在一段时期内呈现为下降趋势，例如，1978年宁夏进出口额在全国的占比为0.144%，虽然到1990年进出口额绝对值大幅提升，但其占全国进出口贸易的比重则下降为0.074%，其中出口总额占比下降更为显著，从0.233%降至0.124%，降幅达到46.78%。进入21世纪以来，尤其是加入世界贸易组织之后，全国范围的进出口贸易高速发展，并推动中国逐步成为“世界工厂”。在此过程中，宁夏的进出口贸易额于2006年突破10亿元大关，2011年突破20亿元大关，2014年首次突破50亿元大关。进口和出口额均获得大幅增长，其中出口的增长规模及速度大大超过进口。但与此同时，从整体上看，2010年前宁夏进出口额占全国的比重在波动中呈下降趋势，宁夏对外贸易发展水平及速度与全国整体发展的水平及速度相比还有较大差距，且这一差距在近年来有逐步扩大的趋势。2010年后，宁夏进出口额持续波动，尤其是在2015年由于传统市场出现较大波动，宁夏进出口额相比上年下降30.3%，其中出口下降30.8%，进口下降28.1%。这一趋势直到2017年才得到扭转，2017年宁夏货物进出口总额37.91亿美元，比上年增长58.9%，其中，出口增长50.5%；进口增长86.7%（见表1-5和图1-2）。2017年，宁夏主要商品出口金额及其增长速度为：金首饰及零件出口额19012亿元，比上年增长513.5%；维生素C及其衍生物出口额3.70亿元，比上年增长330.1%；新的充气橡胶轮胎出口额6.74亿元，比上年增长181.6%；焦炭及半焦炭出口额1.68亿元，比上年增长96.5%；果蔬汁出口额1.49亿元，比上年增长70.7%；钛合金出口额4.32亿元，比上年增长88.1%；赖氨酸酯及盐出口额3.98亿元，比上年增长58.2%；机床及铸件出口额4.86亿元，比上年增长47.5%。

表1-5 主要年份宁夏进出口额发展情况

指标 年份	按美元计算（万美元）				占全国的比重（%）		
	进出口总额	出口总额	进口总额	贸易差额	进出口总额	出口总额	进口总额
1978	2962	2271	691	1580	0.144	0.233	0.063
1990	8491	7679	812	6867	0.074	0.124	0.015
2000	44292	32736	11556	21180	0.093	0.131	0.051
2005	96672	68711	27961	40750	0.068	0.090	0.042
2006	143746	94300	49446	44854	0.082	0.097	0.062
2007	158430	108850	49580	59270	0.073	0.089	0.052
2008	188195	125868	62327	63541	0.073	0.088	0.055
2009	120156	74294	45862	28432	0.054	0.062	0.046
2010	196049	117026	79023	38003	0.066	0.074	0.057
2011	228573	159943	68630	91313	0.063	0.084	0.039
2012	221667	164116	57551	106565	0.057	0.080	0.032

续表

年份＼指标	按美元计算（万美元）				占全国的比重（%）		
	进出口总额	出口总额	进口总额	贸易差额	进出口总额	出口总额	进口总额
2013	321791	255246	66545	188701	0.077	0.116	0.034
2014	543558	430243	113325	316918	0.126	0.184	0.058
2015	379062	297635	81427	216208	0.096	0.131	0.048
2016	324648	248504	76144	172360	0.088	0.118	0.048
2017	503605	365050	138555	226495	0.123	0.161	0.075

数据来源：根据《宁夏统计年鉴》相关数据整理得到。

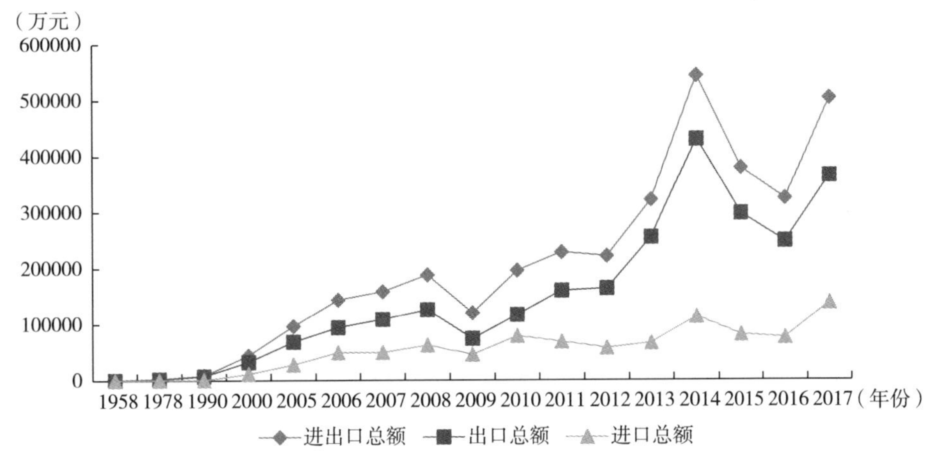

图 1－2　宁夏进出口总额（1958～2017）

数据来源：根据《宁夏统计年鉴》相关数据整理得到。

从区域上看，亚洲是宁夏对外贸易合作的最主要区域，2011～2017 年，中国与亚洲国家的进出口额占其进出口总额的比重均保持在 40% 以上，2014 年这一比重甚至达到了 59.71%；宁夏在亚洲地区的最重要贸易伙伴，2017 年宁夏与香港的进出口贸易额占比达到了 13.96%；欧洲与北美洲分别居第二位和第三位，在大多数年份分别保持在 20% 和 10% 以上。从国别来看，日本是宁夏的主要进出口贸易国，2011 年宁夏与日本的进出口额占比达到了 16.23%，但之后呈持续下降趋势。宁夏与欧洲国家的合作在近年来总体变动不大，德国、俄罗斯、英国、荷兰等国家与宁夏的进出口贸易关系相对紧密，但其总体占比均不高，波动幅度不大，表明这些国家与宁夏的进出口贸易合作较为稳定。美国是宁夏在北美洲乃至全球范围内重要的贸易伙伴，2011～2017年，宁夏与美国的进出口贸易额占宁夏进出口贸易总额的比重均保持在8%以上，2017年，这一比重进一步增至13.86%，在当前中美贸易摩擦升级以及诸多不确定因素滋生的背景下，2017年宁夏对美国市场的依赖很可能会成为制约宁夏进出口贸易持续健康快速发展的一个重要因素，需要引起重视。宁夏对“一带一路”沿线国家进出口总额82.66亿元，增长14.4%。

表1－6　宁夏分国别进出口额占比情况（2011～2017年）　　单位:%

国家（地区）	2011年	2012年	2013年	2014年	2015年	2016年	2017年
亚洲	42.33	43.32	52.51	59.71	56.46	48.60	47.88
日本	16.23	10.94	6.75	4.24	5.35	7.39	5.97
印度	6.03	6.12	6.31	3.41	3.67	4.48	3.50
印度尼西亚	1.21	4.79	4.20	2.44	2.01	1.22	1.22
马来西亚	3.57	3.91	6.28	3.59	3.48	3.33	2.38
中国香港	0.91	3.82	3.54	11.45	15.73	9.88	13.96
韩国	3.24	3.33	4.40	3.76	9.56	4.38	8.74
非洲	5.35	5.76	8.69	6.59	7.82	8.40	8.54
加纳	0.81	2.12	2.37	0.40	1.60	2.45	1.47
南非	1.69	0.92	0.80	0.50	1.83	2.53	2.09
欧洲	28.72	25.35	21.15	20.18	20.06	23.74	21.26
德国	6.05	5.70	3.39	4.88	4.12	3.40	3.68
意大利	5.27	4.61	2.50	2.94	2.65	1.65	1.29
俄罗斯	3.47	3.61	2.65	2.24	2.61	6.95	3.82
英国	2.43	2.28	2.19	1.62	1.39	1.79	2.26
荷兰	1.85	1.98	1.97	2.51	2.02	3.19	3.44
法国	1.82	1.81	1.87	1.16	1.40	1.09	0.68
拉丁美洲	3.95	4.55	4.55	2.32	3.58	6.11	5.09
巴西	2.09	2.15	1.61	0.76	1.89	2.58	1.79
北美洲	15.33	14.26	9.31	9.13	10.82	11.88	15.68

续表

国家（地区）	2011 年	2012 年	2013 年	2014 年	2015 年	2016 年	2017 年
加拿大	1.64	1.57	1.06	0.93	1.00	1.24	1.81
美国	13.69	12.69	8.25	8.20	9.82	10.64	13.86
大洋洲	4.33	6.75	3.79	2.07	1.27	1.27	1.55
澳大利亚	3.92	6.38	3.64	1.89	1.03	1.03	1.32

数据来源：根据《宁夏统计年鉴》相关数据整理得到。

利用外资情况也是一个地区对外开放水平的基础表征。由于中国对外开放政策的尝试与推进基本呈现出由东及西，由沿线至内陆的方向发展，从而导致地处西部内陆地区的宁夏，在较长一段时期内经济开放水平相对较低，而且与货物贸易相比，宁夏的外资吸引力尤为缺乏竞争力。这也使得宁夏的外资利用状况并不理想，还有较大的提升空间。

从表 1－7 中可以看出，2010～2017 年，宁夏的合同外资额和实际使用外资额在波动中呈缓慢增长趋势。2015 年，在宁夏的大力引资政策下，宁夏合同个数达到 37 个，合同外资额突破 13 亿美元，实际使用外资额也有明显上涨，并达到 1.86 亿美元，此后虽然合同外资额波动幅度较大，但实际使用外资额持续上升。2017 年，宁夏实际使用外商直接投资为 3.11 亿美元，比上年增长 22.8%。全区新批准外商直接投资项目 24 个，合同外资金额 25.40 亿美元，增长 3.5 倍。另外，实际使用外资额占合同外资额的比重总体较低，即使是占比最高的 2012 年，实际使用外资额占合同外资额的比重仍低于 55%，而合同外资额和实际使用外资额具有明显上升的 2017 年，这一占比仅为 12.26%，表明宁夏的实际外资利用效率较低，以外资利用衡量的对外开放发展仍显著不足。

表 1－7　主要年份宁夏实际利用外资情况

指标 年份	合同个数（个）	合同外资额（万美元）	实际使用外资额（万美元）	实际使用外资额占合同外资额的比重（%）
2010	25	28405	8090	28.48
2011	15	38355	20199	52.66

续表

指标 年份	合同个数（个）	合同外资额（万美元）	实际使用外资额（万美元）	实际使用外资额占合同外资额的比重（%）
2012	11	40300	21820	54.14
2013	21	38307	14814	38.67
2014	22	52399	9244	17.64
2015	37	135905	18639	13.71
2016	29	56516	25363	44.88
2017	24	253959	31140	12.26

数据来源：根据历年《宁夏统计年鉴》相关数据整理得到。

第二节　宁夏的产业结构特征与发展趋势

自1958年10月25日自治区正式成立以来，宁夏从以轻工农产品为主的粗加工起步，逐步建立起以煤炭、电力、化工、冶金、机械、轻纺等为支柱产业，门类齐全并具有地区特色的工业体系。据初步核算，2017年，全年实现生产总值3453.93亿元，按可比价格计算，比上年增长7.8%，其中：第一产业增加值261.07亿元，增长4.3%；第二产业增加值1580.53亿元，增长7.0%；第三产业增加值1612.33亿元，增长9.2%。第一产业增加值占地区生产总值的比重为7.6%，第二产业增加值比重为45.8%，第三产业增加值比重为46.6%，比上年提高1.2个百分点。如表1-8所示。

表1-8　生产总值及其增长速度（2017年）

指标	绝对值（亿元）	比上年增长（%）
全区生产总值	3453.93	7.8
农林牧渔业	276.64	4.3

续表

指标	绝对值（亿元）	比上年增长（%）
工业	1096.30	8.4
建筑业	484.36	3.7
批发与零售业	160.92	8.7
交通运输、仓储和邮政业	199.31	-0.9
住宿和餐饮业	58.66	6.5
金融业	314.69	6.8
房地产业	120.84	3.6
其他服务业	742.21	15.2
第一产业	261.07	4.3
第二产业	1580.53	7.0
第三产业	1612.33	9.2

数据来源：宁夏回族自治区2018年国民经济和社会发展统计公报。

从三次产业的统计数据可以看出，2013～2017年，宁夏国民生产总值以及第一、二、三产业总值的绝对值均处于不断上涨的状态，其中：第三产业增速明显，其占宁夏国民生产总值的比重持续上涨，第一、二产业总值的增速在2013年后逐渐放缓（见表1－9）。2017年底，第三产业生产总值超越第二产业，成为宁夏的主体产业部门，也就是对宁夏GDP贡献最大的产业部门，这标志着宁夏产业结构由“二三一”结构正式转为“三二一”结构。无论从对GDP的贡献率看，还是从生产总值的角度看，宁夏第一产业的发展都处于较为落后的地位，还有着很大的发展空间。第二产业与第三产业发展较为迅速。总体来看，宁夏GDP的增速变化与全国的经济增速变化保持一致，都在2013年后逐渐放缓，并趋于常态化。

表1－9　宁夏三次产业经济发展主要数据统计表（2013～2017年）

年份	2013	2014	2015	2016	2017
国民生产总值（亿元）	2590.44	2766.83	2927.96	3168.59	3453.93
第一产业总值（亿元）	210.81	216.00	237.76	241.60	261.07

续表

年份	2013	2014	2015	2016	2017
第二产业总值（亿元）	1269.89	1352.75	1392.33	1488.44	1580.53
第三产业总值（亿元）	1109.74	1197.09	1297.87	1438.55	1612.33
第一产业占比（%）	8.14	7.81	8.12	7.62	7.56
第二产业占比（%）	49.02	48.89	47.55	46.97	45.76
第三产业占比（%）	42.84	43.27	44.33	45.40	46.68

数据来源：历年《宁夏统计年鉴》、宁夏统计局官网。

一、宁夏第一产业发展概况

经过多年的发展，宁夏第一产业在内部结构调整、特色产业提质增效、释放农业新动能并进一步提升农民收入等方面取得了诸多成效。2018 年，宁夏农村居民人均可支配收入 11708 元，比上年增加 970 元，增长 9.0%。[①]

（一）第一产业结构调整步伐加快

从宁夏回族自治区成立以来，以农林牧渔业为代表的宁夏第一产业获得较大发展。尤其是在改革开放后，随着农村经营体制的进一步改革完善，农村的发展潜力和农民的积极性被进一步激发。1980 年，宁夏农林牧渔业总产值达到 6.41 亿元，是 1970 年的 2.29 倍，而 1990 年这一产值进一步提升为 24.69 亿元，是 1980 年的 3.84 倍。但由于宁夏地处内陆干旱与半干旱气候带，耕地面积较少，宁夏第一产业的发展相对受限，2000 年后，宁夏农林牧渔业总产值持续上涨，但增长速度有所减缓。

从第一产业的内部结构看，种植业占据最重要地位，其中 1960 年宁夏种植业产值占第一产业总产值的比重高达 81.99%，虽然这一占比在之后呈现下降趋势，但直到 2017 年，种植业在第一产业总产值中的比重仍将近 60%。居于第二位的是牧业。1960 年，宁夏牧业占农林牧渔业的比重为 15.57%，2000 年，这一

① 人民网，http://nx.people.com.cn/n2/2019/0124/c192493-32571327.html。

比重已实现翻番，达到了33.12%，2005年进一步增至33.33%。之后，虽然牧业占比持续波动，但总体上基本保持在30%左右。林业占比在波动中总体呈现下降趋势。这与宁夏的环境与地貌特征密切相关。作为我国土地沙漠化整体情况严重的地区，宁夏地区的自然条件以及地貌的特征相对比较复杂，其中，南部的沟壑地区以及土石地区占据较大面积，而中部与毛乌素沙漠边缘接壤的区域是全区风沙灾害较为严重的地域，土地荒漠化情况较为严重。因此，宁夏地区的林木覆盖率与全国水平相比是很低的。虽然当前我国加大了对宁夏地区生态环境的改造，并且实施天然防护林以及平原绿化和退耕还林等多方面的林业建设，但当前宁夏林业的经济效益仍不够高，从而在农林牧渔业总产值中所占比重仍比较低。宁夏渔业的发展相对比较迅速，随着经济的发展和宁夏特色产业的持续推进，通过推行水产标准化健康养殖，发展名特优新品种等形式，宁夏的适水产业面积大幅增长，水产品产量大幅增加，其规模与效益均得到提升，2017年，宁夏渔业产值所占比重已达到3.60%，相比2000年上升了1.16个百分点，成为宁夏第一产业发展的重要增长点之一。如表1－10所示。

表1－10　主要年份宁夏第一产业产值及结构发展情况

指标 年份	农林牧渔业总产值（万元）	农业（%）	林业（%）	牧业（%）	渔业（%）
1960	17897	81.9914	2.2741	15.5724	0.1676
1970	27970	81.1870	1.6947	17.0147	0.1037
1980	64139	82.5473	3.8042	13.5627	0.0842
1990	246887	70.9284	5.3409	21.8618	1.8689
2000	777525	60.4360	4.0046	33.1164	2.4430
2005	1379973	57.2047	4.0323	33.3317	2.8827
2010	3064355	62.6757	2.8317	27.9718	2.6230
2011	3556200	61.6378	2.6209	28.9486	2.8786
2012	3864607	60.7531	2.5269	29.1655	3.4577
2013	4321343	60.5890	2.2763	29.9258	3.0587
2014	4481771	59.2110	2.2321	30.8097	3.3305
2015	4844582	61.9323	2.4010	27.9247	3.2547

续表

年份＼指标	农林牧渔业总产值（万元）	农业（%）	林业（%）	牧业（%）	渔业（%）
2016	4962659	60.3932	2.0365	29.5297	3.4203
2017	5174168	59.7124	1.8725	30.0880	3.5993

数据来源：历年《宁夏统计年鉴》。

（二）特色优势农业发展迅速

为了提高宁夏农业产业化水平，优化资源配置并发挥比较优势，2003 年，宁夏回族自治区人民政府对全区农业产业发展做出了相关的规划，初步确立了重点发展的四大战略主导产业，同时对区域产业带中的优势产业以及地方性具有特色的农业产业做出相关规划。2008 年底，《宁夏农业优势特色产业规划（2008—2012)》中确定了各农业优势特色产业，并提出“1＋4”的发展模式。其中，“1”是指宁夏本地的优质粮食产业，而“4”则指宁夏本地枸杞、草畜、葡萄、蔬菜等产业①。2017 年《宁夏现代农业“十三五”发展规划》发布，进一步强调要继续聚焦“1＋4”特色产业，着力构建现代农业产业体系、生产体系、经营体系，全面提升“一特三高”农业发展水平，走产出高效、产品安全、资源节约、环境友好的现代农业发展道路。随着宁夏地区社会经济发展的进一步优化升级与融合，宁夏农业优势特色产业也取得了一定成效。

自 2003 年以来，宁夏粮食生产保持“十四连丰”，受益于“压夏增秋”种植方式，夏粮产量持续下降，由 2003 年的 83.7 万吨减少到 2017 年的 42.4 万吨；秋粮产量相应增加，2017 年达到 328.3 万吨，与 2003 年相比上涨了 139.3 万吨，年平均增加 9.95 万吨。此外，2017 年，宁夏主动优化粮食生产结构，减少了秋粮中玉米的种植面积，适度调整玉米种植结构，扩大青贮玉米和小杂粮面积，恢复灌区小麦种植面积，先后在全区建起 20 多个粮食绿色高产高效示范片。2018 年，宁夏粮食生产实现自 2009 年以来未有的“夏秋同增”目标。夏收粮食产量

① 黄亚玲，李晓瑞．宁夏“1＋4”特色农业产业增长及其质量分析［J］．宁夏农林科技，2018（12）：79－82.

43.35 万吨，同比增长 11.7%；秋收粮食产量 349.23 万吨，同比增长 5.4%。与此同时，山川粮食产量同增，且山区增幅大于川区。山区粮食总产量占全区粮食总产量比重为 43.1%，比上年提高 2.7 个百分点。[①] 如图 1－3 所示。

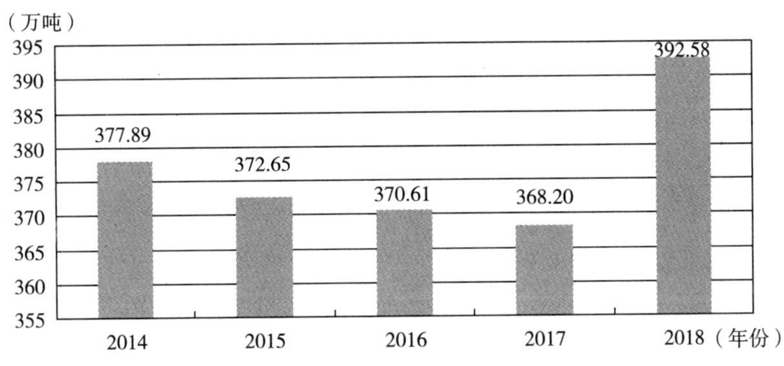

图 1－3　宁夏粮食产量（2014～2018 年）

数据来源：宁夏回族自治区 2018 年国民经济和社会发展统计公报、国家统计局（2018 年）。

其他特色产业的发展也开始逐步呈现出分工专业化、生产规模化、经营产业化的特点，其中：相比全国其他地区相关产业而言，宁夏枸杞产业在品种培育、种植技术方面处于领先地位，成为宁夏最具特色的产业之一，享有较高美誉度。据相关数据显示，截至 2017 年底，枸杞种植面积初步达到预期目标，全区种植面积已达到 87 万亩，干果年产量超 8 万吨。马铃薯主要布局在宁夏南部山区和中部的干旱区域，随着种薯繁育体系的逐步健全与种植标准化水平的不断提高，马铃薯品质在稳步提升中，其种植面积已达 19 万公顷，新鲜马铃薯年产量达到 400 万吨以上，已成为栽种面积第一大的农业作物。适水产业带养殖水域面积不断扩大，截至 2017 年底，适水产业面积已达到 75 万亩，水产品产量 17.5 万吨，放流经济鱼类 2000 万尾；新建设施渔业基地 10 万平方米，创建水产健康养殖示范场 5 个，宁夏人均水产品占有量排名居西北五省区第一位。而且受益于充足的阳光及优质的土质，宁夏贺兰山东麓地区以发展葡萄产业为主，葡萄播种面积约

① 国家统计局及网易新闻网，http://ningxia.news.163.com/18/1227/09/E4181F0S04318EKR.html。

为52万亩，总产量达到20多万吨。[①] 苹果产业主要布局在吴忠的利通区以及青铜峡和中卫的中宁，总种植面积63万亩，总产量达50万吨以上。地道中药材产区主要集中在盐池和六盘山地区独有的干旱风沙区，其自然环境非常适合相关药材的种植和生长，中药材种植面积、产量与产值实现全面增长，在六盘山地区形成了独特的药材产业带。[②] 目前中宁和西吉已分别成为中国枸杞之乡和马铃薯之乡，中卫也凭借自身优势成为首屈一指的硒砂瓜生产基地和分拨转运中心，吴忠利通区的奶牛养殖已经达到一定的规模，发展水平和质量领跑西北平均水平，银川兴庆区培育的观赏花卉远销周边地区。总体来看，宁夏优势特色产业发展取得了显著成就。截至2017年，宁夏优势特色农业集中区的农民年均收入有超过一半的部分来自优势特色产业，而这些产业的发展成为宁夏经济发展的重要增长点和新的推动力。

（三）农业科技水平提升并打造优质农产品品牌

提升现代技术水平是引领宁夏现代设施农业发展的重要保障。宁夏自2013年实施了小麦、水稻、玉米三大作物品种更新工程后，葡萄、枸杞、粮食、畜禽和水产良种化率分别达到95.0%、90.0%、89.0%、75.0%和65.0%；启动了马铃薯脱毒种薯三级繁育体系建设，马铃薯良种化率、脱毒化率分别达到70.0%、50.0%；引进法国酿酒葡萄优新品种16个，建立采穗圃600亩；测土配方施肥、覆膜保墒旱作节水、稻蟹生态养殖、保护性耕作等适用技术全面推广，农业科技贡献率达到56.0%，农业综合机械化率达到64.0%；充分利用设施农业人才高地各工作平台，引进示范推广了蔬菜、果树、花卉等50多个优新品种和6代设施温棚无焊接组装、膜改板技术、水肥一体化自动控制、信息采集系统、痕迹灌溉、作物冬季补光、无土栽培和有机种植等先进技术，为宁夏设施农业发展提供了强有力的技术支撑。

与此同时，宁夏还努力打造特色产业的优质农产品品牌。具体实施策略主要包括以下几个方面：其一，推进农业标准化生产。积极发展绿色、有机、生态、

① 厚正芳，吴正强．宁夏葡萄产业现状与发展趋势研讨［J］．农业与技术，2017（24）：150，168.

② 王天琪．“一带一路”背景下民族地区产业发展研究——以宁夏中药材产业为例［J］．中国商论，2018（3）：148－149.

富硒农产品，加快“宁夏菜心”“宁夏牛奶”等地理标志登记保护，制定滩羊认定标准和管理办法，实行按标生产。其二，培育品牌农业主体。鼓励龙头企业、合作社、行业协会申报地理标志，注册集体商标、证明商标，培育农业区域公用品牌4个，争创中国驰名商标、宁夏著名商标，培育发展一批大米、枸杞、优质牛羊肉、供港蔬菜等企业自主品牌20个。其三，加大品牌宣传推介。研究设计“宁夏大米”“盐池滩羊”“香山硒砂瓜”“西吉马铃薯”等一批区域公用品牌形象标识，建立宁夏品牌农产品目录制度，举办“中国（宁夏）特色优质农产品品牌评选推介大会”，通过媒体、展会、直销窗口等形式加大宣传力度。其四，加强农产品质量安全监管，健全农产品质量安全追溯体系，新增1300家农资经营店建设运行在线管理系统，新建5个县区生产基地追溯系统，新增700个生产基地实现产品追溯。加大农业投入品在线管理和产地检测，推广使用“宁夏”农产品质量安全追溯二维码，实现农产品全程可追溯，全区蔬菜、畜禽、水产品等主要农产品质量抽检合格率达到96%以上。

在一系列农业结构调整、特色产业推进、优质品牌打造等措施下，农业产业得到明显发展，农村经济稳中有进，农民收入显著提高。根据国家统计局宁夏调查总队的数据显示，2018年，宁夏农村居民人均可支配收入11708元，较上年增长970元，提高9.0%，其增速连续9年高于城镇居民；贫困县区农村居民人均可支配收入增长11.3%，高出全区农村居民人均可支配收入增速2.3个百分点。宁夏农民收入主要呈现以下特点：一是工资性收入增量最多，对农民增收贡献最大；二是经营净收入稳步增长，农村居民人均经营净收入4638元，增加386元，增长9.1%；三是财产净收入快速增长，农村居民人均财产净收入363元，增加39元，增长12.0%。[①]

二、宁夏第二产业发展概况

经过50多年的发展，宁夏工业形成了以煤炭、电力、原材料、纺织、食品药品、装备制造等行业为支撑的工业体系。但受历史工业布局、地理位置、交通

① 人民网、宁夏日报，http：//nx.people.com.cn/n2/2019/0124/c192482－32568861.html。

基础设施条件和科技创新能力不足的影响，宁夏工业结构调整速度缓慢，在一定程度上制约了宁夏工业经济的可持续发展。

（一）第二产业发展迅速但结构矛盾突出

在宁夏第二产业中，工业和制造业一直占据主导地位，截至2017年，工业增加值已达到1096.3亿元，相比1979年的6.37亿元增加了171倍。特别是宁夏推行“一二三六”工业强区战略工程①以来，工业发展成效显著，2010年与2001年相比，实现工业增加值由106.82亿元增长到648.28亿元，翻了两番半；而2017年相比2010年又近乎翻了一番（1.69倍）。改革开放以来，宁夏工业对全区经济增长的平均贡献率在40%以上。虽然2011年之后，工业在宁夏国民经济发展中所占比重有所下降，2017年工业对宁夏经济的贡献度为31.8%，远超第二产业中其他细分行业的贡献度。与此同时，制造业增加值保持持续较快增长，其在宁夏国民经济中的贡献率基本保持在20%左右；采矿业与电力、燃气及水的生产与供应业发展相对缓慢，2010～2017年其增加值在波动中呈缓慢增长的态势，对宁夏国民经济的贡献度基本不变甚至出现下降。而随着宁夏大规模城市建设和工程建设的推进，建筑业获得良好发展机遇。2017年，建筑业增加值达到484.36亿元，是2010年的2.62倍，同时建筑业对宁夏国民经济的贡献度也从10.9%增至14.1%，如表1－11所示。

表1－11　第二产业及其分行业增加值与增加值构成

行业		第二产业	工业	采矿业	制造业	电力、燃气及水的生产和供应业	建筑业
增加值（亿元）	2010年	833.14	648.28	174.73	342.57	130.98	184.86
	2011年	1063.48	824.12	226.81	432.56	164.75	239.36
	2012年	1168.56	887.82	259.35	463.60	164.87	280.74
	2013年	1269.89	943.43	244.32	504.00	195.11	327.11
	2014年	1352.75	985.05	257.96	516.83	210.26	368.37

① “工业强区”战略是宁夏回族自治区第九次党代会做出的一项重大战略决策，旨在突出工业在全区经济工作中的主导地位，保持工业持续健康高速增长。

续表

行业		第二产业	工业	采矿业	制造业	电力、燃气及水的生产和供应业	建筑业
增加值（亿元）	2015 年	1392.33	992.45	231.27	571.00	190.18	399.98
	2016 年	1488.44	1054.34	241.01	618.70	194.63	434.20
	2017 年	1580.57	1096.30	272.14	636.13	188.03	484.36
增加值构成（%）	2010 年	49.10	38.20	10.30	20.20	7.70	10.90
	2011 年	50.40	39.00	10.70	20.50	7.80	11.40
	2012 年	49.70	37.70	11.00	19.70	7.00	12.00
	2013 年	49.00	36.40	9.40	19.50	7.50	12.60
	2014 年	48.90	35.60	9.30	18.70	7.60	13.30
	2015 年	47.60	33.90	7.90	19.50	6.50	13.70
	2016 年	47.00	33.30	7.60	19.50	6.10	13.70
	2017 年	45.90	31.80	7.90	18.50	5.50	14.10

数据来源：《宁夏统计年鉴（2018）》。

从产业结构层面看，宁夏工业发展属于典型的“重型”结构。改革开放以来，依赖能源优势，宁夏重化工业得到迅速发展，重工业比重畸高的现象一直没有改变，甚至有进一步加剧的趋势。1978 年，宁夏轻重工业比重为 24.9∶75.1；1990 年，这一比重为 27.7∶72.3，2000 年进一步调整为 23.3∶76.7，2006 年为 17.1∶82.9。2017 年，轻工业增长 1.8%，重工业增长 9.9%。轻重工业比重失衡的这种畸重型低加工的工业结构的形成与宁夏特有的经济条件有关，在短期内难以有所改变。以重化工为主的工业结构，是一把双刃剑。一方面，这些重型工业的发展取得了辉煌的成就，为宁夏经济、社会、城市化发展乃至服务国家战略做出了重要贡献；另一方面，重化工业的能耗高、污染重，越来越成为宁夏经济持续健康绿色发展的一种制约。宁夏高耗能产业占全部工业的 80% 以上。电石、铁合金、电解铝的万元增加值能耗分别为 16、16.5、6.5 吨标准煤，而全区目前工业万元增加值平均为 4.75 吨标准煤，远高于全国万元工业增加值能耗 1.71 吨标准煤的平均水平。工业发展能耗高的直接副作用是废渣、废水、废气等环境污染问题的增多，而且这些产业的产业链一般较短、附加值低，难以充分发挥对其他产业比较强大的辐射带动力和强大的就业人口吸纳力。

从区域层面看，宁夏第二产业尤其是工业的发展存在着较为严峻的区域发展不平衡。由于地理条件和基础设施建设水平的差异，宁夏工业经济主要集中于包兰铁路沿线和黄河两岸地带的川区，其中银川、石嘴山、吴忠、固原和中卫五大经济区中，前三大经济区规模以上企业工业总产值占宁夏规模以上工业总产值的90%以上；而在川区，工业又主要集中在银川、石嘴山、青铜峡、灵武和平罗等市县；地处南部山区的固原，其工业总产值占宁夏规模以上工业总产值的比重不足1%。地区工业发展极不平衡。

从质量效益层面看，受初级产品、原材料产品比重较大的影响，工业经济增长效益低于全国平均水平。2015年，全区规模以上工业总资产贡献率为4%，低于全国平均水平5.36个百分点；每百元资产实现主营业务收入44.2元，不及全国平均水平的一半；主营业务收入利润率为2.33%，低于全国平均水平3.43个百分点。企业成本偏高，全区规模以上工业企业每百元主营业务收入中的成本为86.26元，高于全国平均水平。工业产品周转较慢，全区工业产成品存货周转天数为32.96天，超出全国平均水平一倍以上。全年工业投资效率为0.60，约为全国平均水平的60%，低于西北五省中除新疆以外的其他省份，如表1－12和表1－13所示。

表1－12　宁夏与全国及西北五省部分工业指标对比（2015年）

指标	规模以上工业总资产贡献率（%）	主营业务收入利润率（%）	每百元资产实现的主营业务收入（元）	规模以上工业成本费用利用率（%）	每百元主营业务收入中的成本（元）	资产负债率（%）	产成品存货周转天数（天）
全国	9.36	5.76	110.36	6.18	85.68	56.17	14.74
宁夏	4.00	2.33	44.20	2.43	86.26	67.56	32.96
陕西	9.07	7.31	70.78	8.16	80.83	55.86	19.31
甘肃	4.22	－0.89	73.08	－0.91	90.14	63.74	26.69

续表

指标	规模以上工业总资产贡献率（%）	主营业务收入利润率（%）	每百元资产实现的主营业务收入（元）	规模以上工业成本费用利用率（%）	每百元主营业务收入中的成本（元）	资产负债率（%）	产成品存货周转天数（天）
青海	3.82	3.23	38.36	3.38	83.45	69.28	22.48
新疆	5.59	4.24	45.14	4.62	80.77	63.27	26.15

数据来源：《宁夏回族自治区“十三五”工业发展及两化融合发展规划》。

表1－13 宁夏与全国及西北五省工业投资效率对比（2014～2015年）

指标	2014年			2015年		
	工业固定资产投资（亿元）	工业增加值（亿元）	工业投资效率（%）	工业固定资产投资（亿元）	工业增加值（亿元）	工业投资效率（%）
全国	204393.91	228122.9	1.1161	219957	228974	1.0410
宁夏	1397.32	973.53	0.6967	1648.28	979.7	0.5944
陕西	5204.02	7993.39	1.5360	6332.89	7634.19	1.2055
甘肃	2665.45	2263.2	0.8491	2301.46	1778.1	0.7726
青海	1201.66	954.27	0.7941	1305.45	893.87	0.6847
新疆	4523.61	3179.6	0.7029	5060.53	2690.04	0.5316

数据来源：《宁夏回族自治区“十三五”工业发展及两化融合发展规划》。

为进一步缓解宁夏工业发展存在的主要问题，推进创新发展、转型追赶，建设更加开放富裕和谐美丽的新宁夏，2017年，宁夏回族自治区人民政府印发了《宁夏回族自治区“十三五”工业发展及两化融合发展规划》（宁政发〔2017〕34号）。上述规划明确提出了“十三五”时期宁夏工业发展的主要目标，如力争到2020年，全区规模以上工业完成总产值6700亿元，实现增加值1500亿元左右，成为全区经济发展的重要支柱；推进产业结构的优化升级，尤其是推进轻工业的快速发展，并力争到2020年，轻工业年均增长超过15%，轻重工业比达到25∶75，新兴产业逐渐成为宁夏工业新的增长点；加快推进沿黄科技创新改革试验区建设，集聚创新要素、改革创新体制机制、优化创新环境，并围绕特色优势产业和新兴产业，充分发挥企业创新主体作用，引领带动宁夏科技创新实现突破。目前，这一规划已取得初步成效。2018 年，宁夏紧盯重点项目建设，扎实开展抓项目促投资专项行动。五市和宁东基地组织实施“百千亿工程”、秋季项目大会战、项目建设年等活动，已推动落实吴仪自动化项目一、二期，共享 3D 打印设备产业化等项目建成投产，神华宁煤 400 万吨煤制油实现全线满负荷运行。宁夏 2017 年新建成投产项目和 2016 年建成 2017 年达产的项目新增产值 332 亿元。为让更多优质企业落户宁夏，招商小分队多次赴江苏、湖南等地开展招商活动，组织召开两次宁苏产业合作推进会，签订合作项目 8 个，总投资 150 亿元。推动各市、县、工业园区谋划储备了 42 个重大工业项目，总投资 708 亿元等，为“十三五”期间重大项目储备、工业发展与产业结构转型升级奠定了坚实基础。

（二）传统优势行业基础雄厚且新兴产业开始崛起

从具体产业来看，宁夏煤炭、电力等传统优势产业仍保持着十分坚实的发展基础与发展实力，呈稳步增长态势；轻工业尤其是轻纺产业发展迅速，新兴产业发展势头强劲，为宁夏经济发展尤其是工业持续稳步发展注入了新活力。

其一，煤炭、电力行业等传统优势行业基础雄厚、稳步发展。宁夏是全国 13 个亿吨级大型煤炭生产基地之一，煤炭预测资源量 2027 亿吨，累计探明储量 462 亿吨，居全国第 6 位，人均保有储量居全国第 2 位。2017 年，全区原煤产量 7353.4 万吨；电力全网总装机 2919 万千瓦，统调发电企业 16 家，人均电力装机和人均发电量均居全国第一；全网统调发电量 1077 亿千瓦时，其中，火电占 88%；外送电量 275 亿千瓦时。世界首条宁东至山东 ±660 千伏电压等级直流输电项目已建成，宁东至浙江 ±800 千伏输电工程及配套电源点项目已于 2016 年完成 168 小时试运行，并成功具备商业运行条件，标志着我国西北至华东的这条输电大动脉正式贯通，为宁夏将资源优势转化为经济优势提供强有力的支撑，也将有效缓解华东地区电力供应紧张的局面。

其二，煤化工行业迅速崛起。宁夏煤炭储量居全国第 6 位，其中，宁东基地占 85%，探明储量 331 亿吨，与榆林、鄂尔多斯形成我国能源化工“金三角”。当前，以宁东基地为代表的宁夏正在依托科技创新，更多打造现代煤化工产业，

不断延伸煤化工产业链条，突出产业集群效益。被喻为“电路板”工程的国能神华宁煤集团 400 万吨煤制油项目，是全球单套规模最大的煤制油项目。作为世界上少数投入商业化生产的煤炭间接液化项目，该工程年转化煤炭 2000 多万吨，产油品 400 万吨，煤制油二期项目跻身国家能源“十三五”规划，将开辟以汽油为主的煤制燃料新路径。此外，宁东基地还有世界首套年产 50 万吨的煤制烯烃项目，以及正在建设的世界首套焦炭气化制烯烃项目。宁夏尤其是宁东基地的煤化工产业成为西部乃至全国的“领跑者”，宁东基地煤化工产业投资已突破 1000 亿元，年产值达 423 亿元，已经发展成为我国最大的煤制油和煤基烯烃加工生产基地，并成为我国四个现代煤化工产业示范区中规模最大、产值最高的园区。

其三，轻纺行业发展势头强劲。虽然与重工业相比，宁夏轻工业的发展相对滞后，但近年来，宁夏轻工业尤其是轻纺行业发展迅猛。“十二五”期间，宁夏全区轻工业年均增速 18.3%，分别高出宁夏工业和全国轻工业平均增速 5.7 个、6 个百分点。宁夏是全球原绒交易重要的集散地和原料基地，年收购交易原绒量达 12000 吨，占全球原绒交易总量的 65% 以上，羊绒分梳能力 13000 吨，年分梳羊绒 8000 吨居全球首位。银川综合保税区的运行，免除了棉花和部分化纤原料多重税收，对投资企业形成吸引力。目前，宁夏已经培育和引进了中银绒业、中国恒天、山东如意、山东恒丰等大型知名纺织企业。同时，设立了 100 亿元纺织产业发展基金；支持山东如意集团通过搭建融资平台，斥资 110 亿元，成功控股日本瑞纳、收购法国杉卓、曼之、柯笛碧罗等国际一线轻奢品牌。依靠和宁东能源化工基地在产业链条上下游衔接的优势，以及打造全国智慧城市的契机，宁夏将打造产值达千亿元的世界级纺织产业集群，轻纺工业发展势头十分强劲。此外，宁夏全区共有葡萄酒加工企业 184 家，列级酒庄 10 家，葡萄酒品质达到国际水准。生物发酵水平国内领先，硫氰酸红霉素、四环素、泰乐菌素分别占国内总产量的 60%、60% 和 80%。目前，宁夏轻工业已有 34 个“中国驰名商标”，品牌已经成为产业发展的“金字招牌”和“助推器”。

其四，新兴产业发展步伐加快。2015 年，宁夏战略性新兴产业占 GDP 比重达到 8.2%。新能源电力装机比重达到 38.5%，人均光伏电站容量、风电机组容量分别居全国第 2 位和第 1 位。根据 2017 年印发的《宁夏回族自治区战略性新兴产业发展“十三五”规划》（以下简称《规划》）的目标，到2020年，宁夏要实现战略性新兴产业增加值占地区生产总值的比重达到12%以上，初步形成“创新驱动、高端发展、集约高效、环境友好”的发展新格局，宁夏战略性新兴产业面临良好发展机遇。近年来，宁夏新能源装备制造快速发展壮大，完成工业总产值50亿元，被列为全国首个新能源综合示范区；高端装备制造业产值占装备制造业的比重达到30%，比“十一五”末提高12个百分点；高端铸造产业实现重大突破，共享集团实施的“大型高端燃气轮机铸件研发”和“铸造智能化工厂建设”等项目，突破了世界性难题，在国内率先实现了大型3D打印机在铸造行业的产业化应用；电子信息产业快速发展，以西部云基地、银川滨河大数据中心为主的云计算和大数据产业粗具雏形；光伏产业初具规模，成为全球最大的单晶硅棒生产基地；IBI育成中心已集聚了一批有实力的物联网和信息服务企业。

三、宁夏第三产业发展概况

（一）第三产业发展迅猛且内部结构显著优化

经过持续不断的产业结构调整努力和规划引导，宁夏第三产业在2003年后快速发展，并于2017年正式超过第二产业，成为宁夏国民经济中占比最大的产业部门和重要的支柱产业。从第三产业的内部主要部门来看，宁夏第三产业的快速发展得益于内部产业部门的快速推进，其中，金融业，信息传输、计算机服务和软件业，公共管理和社会组织业，批发和零售业等在2010～2017年得到快速提升，直接带动了宁夏第三产业的快速进步。金融业的发展尤为突出，其行业增加值从2010年的97.87亿元增至2017年的314.69亿元，7年内扩大了3.22倍，远超其他产业部门的增长速度且其增加值总额超过交通运输、仓储和邮政业，成为第三产业中增加值最高的产业部门。交通运输、仓储和邮政业在历经快速发展后，于2012年迎来速度拐点，其总体增加值规模在2013～2017年未发生明显变化，甚至有轻微下降的趋势。信息传输、计算机服务和软件业自2013年后尤其是2015年以来赢得快速发展，2017年其增加值总额已达到173.42亿元，成为第三产业中位居第三的产业部门，如图1－4所示。

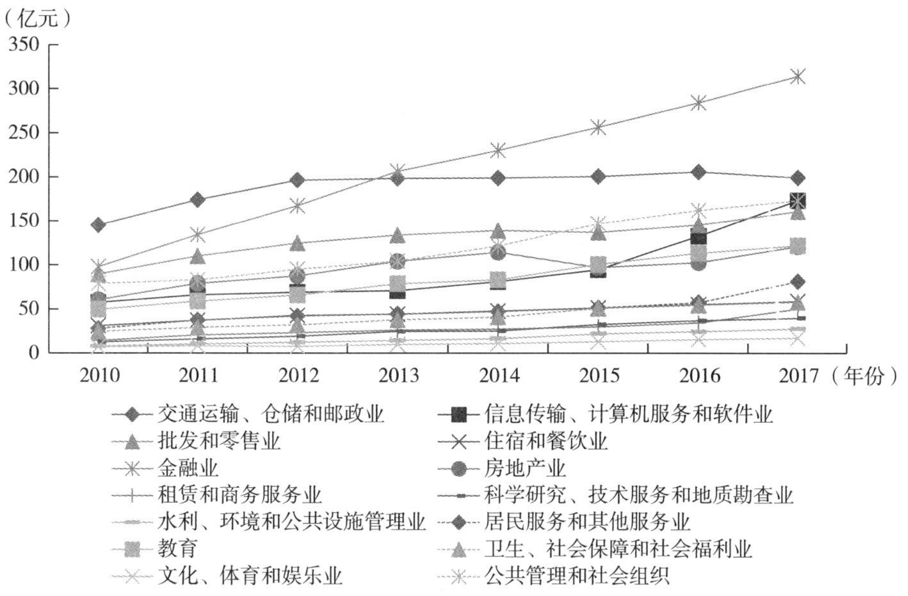

图 1－4　宁夏第三产业主要部门的发展情况（2010～2017 年）

数据来源：历年《宁夏统计年鉴》。

从对宁夏国民经济的贡献率看，2010～2017 年第三产业内部结构发生了较为明显的变化。2010 年，第三产业中对宁夏国民经济发展贡献率最高的行业为交通运输、仓储和邮政业，其贡献率达到了 8.6%；其次为金融业、批发和零售业，分别为 5.8% 和 5.3%；公共管理和社会组织，房地产业，信息传输、计算机服务和软件业，以及教育等行业的贡献率紧随其后。但总体看，传统第三产业仍占据较高比重。截至 2017 年，金融业对宁夏国民经济的贡献率大幅提升至 9.1%。此外，信息传输、计算机服务和软件业也得到了较快发展，其对国民经济贡献率达到了 5%，科学研究、技术服务和地质勘查业，租赁和商务服务业的贡献率也有了明显上升（见表 1－14）。第三产业中，资本、技术和知识密集型行业的增长率与贡献率双双提升，宁夏第三产业的内部结构在近年来得到显著优化。

表 1-14　第三产业和内部各部门对宁夏国民经济的贡献率

行业	产业增加值对国民经济的贡献率（%）							
	2010 年	2011 年	2012 年	2013 年	2014 年	2015 年	2016 年	2017 年
交通运输、仓储和邮政业	8.6	8.2	8.4	7.7	7.2	6.9	6.5	5.8
信息传输、计算机服务和软件业	3.4	3.1	2.9	2.7	2.9	3.2	4.2	5.0
批发和零售业	5.3	5.2	5.3	5.2	5.0	4.7	4.6	4.7
住宿和餐饮业	1.8	1.8	1.8	1.7	1.7	1.8	1.7	1.7
金融业	5.8	6.4	7.1	8.0	8.3	8.8	9.0	9.1
房地产业	3.6	3.7	3.7	4.0	4.1	3.3	3.2	3.5
租赁和商务服务业	0.8	1.0	1.0	1.0	1.0	1.0	1.1	1.5
科学研究、技术服务和地质勘查业	0.7	0.8	0.8	0.9	0.9	1.1	1.2	1.2
水利、环境和公共设施管理业	0.5	0.5	0.5	0.6	0.6	0.7	0.8	0.8
居民服务和其他服务业	1.6	1.8	1.8	1.7	1.7	1.8	1.8	2.4
教育	2.9	2.8	2.8	3.0	3.0	3.4	3.6	3.5
卫生、社会保障和社会福利业	1.4	1.4	1.4	1.5	1.5	1.7	1.7	1.7
文化、体育和娱乐业	0.4	0.4	0.3	0.4	0.4	0.4	0.5	0.5
公共管理和社会组织	4.7	3.9	4.0	4.0	4.4	5.0	5.1	5.0

数据来源：历年《宁夏统计年鉴》。

（二）宁夏交通基础设施相关产业的发展

交通基础设施是区域生存和发展的基础和关键，是区域经济发展中不可或缺的重要组成部分。近年来，随着宁夏内陆开放型经济试验区建设的深入推进，宁夏经济建设、城市发展、产业布局等的推进与优化都对宁夏的综合交通运输体系提出了新的更高要求。宁夏的交通基础设施建设情况与区域经济发展息息相关。

由于受地理条件和经济发展水平的限制，在自治区正式成立后的相当长一段时期内，宁夏的交通基础设施发展十分缓慢。1958 年，宁夏的铁路通车里程仅为 361 千米，公路通车里程为 2686 千米。1990 年，铁路通车里程为 421 千米，而航空在相当长的时期内保持在 1300 ~ 1400 千米的通航里程上，这一时期变动最为明显的是公路通车里程，达到 8200 千米，相比 1958 年翻了一番半。2000 年以后，宁夏交通基础设施建设开始迎来小高潮，其中公路通车里程和民航通航里程发展较为迅速，公路通车里程相继突破 1 万千米、2 万千米和 3 万千米，2017

年达到34561千米，2005～2017年公路里程年均复合增长率达到8.44%。民航通航里程变动更为明显，从2000年的16823千米到2005年的21248千米，到2010年的54221千米，再到2017年的1189041千米，宁夏民航通行里程增长速度不断加快，其中，2005～2017年，年均复合增长率达到15.43%。与之相比，宁夏铁路通车里程的变动十分缓慢。2000年，铁路通车里程为780千米，2010年刚刚突破1000千米，2017年铁路通车里程为1060千米，2005～2017年铁路通车里程年均复合增长率仅为2.5%。如表1－15所示。

表1－15　主要年份宁夏交通基础设施建设发展情况

年份＼指标	铁路通车里程（千米）	公路通车里程（千米）	民航通航里程（千米）
1958	361	2686	1300
1970	409	3591	1300
1980	421	6848	1300
1990	421	8200	1400
2000	780	10171	16823
2005	786	13078	21248
2006	783	19903	21219
2007	783	20562	36253
2008	783	21008	44197
2009	783	21805	50602
2010	1032	22518	54221
2011	1029	24506	52388
2012	1029	26522	61406
2013	1029	28554	76720
2014	1029	31276	117107
2015	1029	33240	114286
2016	1060	33940	108041
2017	1060	34561	118925

数据来源：历年《宁夏统计年鉴》。

从旅客周转量上看，改革开放以来，包括宁夏在内的全国人口流动日渐频繁，且流动的距离越来越长，流动规模越来越大，从表 1 - 16 中可以看出，宁夏的旅客周转量在改革开放以来迅速增加，并总体呈现快速增长的态势，2017 年，宁夏旅客周转量达到了 1581068 万人千米，是 1958 年的 263.91 倍，1980 年的 25.83 倍，2000 年的 2.75 倍。从旅客周转量承担比率上看，灵活性强、覆盖范围广、在中短途运输中占据巨大优势的公路运输在较长一段时期内是宁夏人口流动的主要出行方式，但其占比呈现出下降趋势；而成本低、中长途运输中拥有优势的铁路运输，其旅客周转量也比较多，但由于受到宁夏铁路交通线路少、速度较慢、出行不便等的限制，其总体占比呈稳中下降趋势。与此同时，航空运输旅客周转量的占比持续上升，并于 2017 年超越公路和铁路成为旅客周转量占比最大的交通工具，这意味着随着宁夏经济的发展，人们对快速、便捷、较远距离等的流动变得更为青睐，在宁夏高铁建设严重滞后的背景下，航空运输成为人口快速、便捷、长距离流动的最佳选择。

表 1 - 16 主要年份宁夏的旅客周转量和货物周转量

年份	旅客周转量（万人千米）	占比（%）			货物周转量（万吨千米）	占比（%）			
		铁路	公路	航空		铁路	公路	航空	管道
1958	5991	—	100.00	—	7827	—	86.32	—	—
1970	25051	71.06	28.94	—	413251	97.44	2.53	—	—
1980	61200	45.32	54.68	—	458925	93.76	4.51	—	—
1990	192033	24.38	75.62	—	747893	79.96	16.83	—	—
2000	575597	42.51	54.51	2.98	2218627	71.87	25.63	—	—
2005	669549	32.78	60.14	7.08	2679933	68.82	25.29	0.02	—
2010	1163818	28.40	56.12	15.48	8458987	32.70	63.63	0.01	3.65
2011	1339417	30.69	54.03	15.28	9619559	33.50	63.22	0.01	3.27
2012	1441031	28.37	55.30	16.33	11019865	33.37	63.53	0.01	3.09
2013	1292930	34.42	45.12	20.45	9130255	39.95	55.80	0.02	4.24
2014	1468420	33.00	44.73	22.27	8773263	34.94	60.46	0.02	4.58
2015	1538377	30.79	4.42	24.98	8727195	28.08	65.52	0.02	6.37

续表

年份	旅客周转量（万人千米）	占比（%）			货物周转量（万吨千米）	占比（%）			
		铁路	公路	航空		铁路	公路	航空	管道
2016	1530345	29.54	42.10	28.37	8737158	27.74	66.10	0.03	6.13
2017	1581068	27.36	35.32	37.32	8114079	31.25	61.64	0.04	7.07

数据来源：历年《宁夏统计年鉴》。

从货物周转量看，改革开放以来，宁夏的货物周转量也呈现出快速增长的趋势，2012年宁夏货物周转量突破千亿吨千米，是2000年的4.97倍，1980年的24.01倍，以及1958年的1407.93倍。货物周转量的大幅提升是宁夏经济发展和产业结构状况的集中表现，宁夏的“重型”产业结构客观上促进了货物周转量的大规模上升。但2012年后，宁夏货物周转量开始呈现下降趋势，这可能与金融危机所导致的外部需求不振、宁夏强力推进的产业结构调整升级政策以及全国范围内逐步实施的供给侧改革等因素有关。从四大交通工具的货物周转量承担比率上看，运量大、运价便宜的铁路运输一直是宁夏货物运输的主力，2005年前，铁路运输占货物周转量的比重均在68%以上。之后，由于铁路交通发展的相对停滞、公路交通的大规模建设以及经济环境等的变化，公路交通于2008年超越铁路运输，成为宁夏货物周转量占比最大的交通运输方式，其占比基本保持在60%以上。管道运输的占比在此期间也有明显上升，但总体占比较小。公路和铁路仍是宁夏货物运输的主要交通方式。

第三节　宁夏区域经济发展存在的主要问题

一、内陆地区：区位劣势明显

作为典型不靠边、不沿海的内陆地区，宁夏在区位方面主要存在三大明显劣势：

一是地理空间上，由于地处偏远和自然地理条件的限制，宁夏交通不便，运输距离较长，运输成本高，从而导致宁夏人流、物流、信息流等流动缓慢不足，对要素的吸引力较差，处于发展的末梢。

二是与国际市场的分割程度较高。作为内陆地区，宁夏距离国际市场较远，对外开放程度严重滞后，国际贸易与国际投资发展缓慢，难以融入国际分工体系之中，与国际市场存在较强分割。

三是宁夏属内陆民族地区，人口较少、地域面积较小，人口密度和经济密度均比较低，导致区域市场狭小，经济发展基础薄弱。

总体而言，从地理区位上看，宁夏是“典型”的被距离、密度、分割三大因素制约的省份。

二、区域内部经济发展差异突出

地处我国西北内陆的宁夏，其经济发展在改革开放以来已取得较大成就，但与全国其他省份相比仍处于比较落后的位置，而且由于地理、历史和经济发展基础等因素的影响，宁夏区域内部经济发展差异的问题日益突出。

首先，宁夏南、北部发展差异不断扩大。宁夏南部的面积占宁夏区域总面积的一半，但地区生产总值不足全区的1/5。宁夏经济发展对宁夏北部十分依赖，其中，位于宁夏北部的银川，占全区生产总值的50%以上，而且GDP增长速度和人均GDP增长速度均居于较高位置。在银川的辐射带动下，银川—吴忠—石嘴山增长极已经初步建立，而位于宁夏南部尤其是南部山区，其经济发展缓慢，与宁夏北部地区经济社会发展的差距呈现扩大之势。在此基础上，宁夏整体经济联系强度同样呈现“北高南低”的分布态势，除首府银川外，宁夏境内整体的集聚和辐射能力较弱，还处于经济发展的初级阶段，县（市）间的相互作用较为松散，空间联系较薄弱。

其次，区内各县市的相对发展率存在明显的地带性发展特征。如果将相对发展率分为三个等级，属于第一等级的地区只有灵武；属于第二等级的地区有大武口、平罗、贺兰、永宁、青铜峡、中宁、沙坡头、盐池；属于第三等级的地区有

利通、同心、海原、原州、彭阳、隆德、泾源和西吉。属于前两级范围的县市发展水平和发展速度高于宁夏整体平均发展水平，发展水平较高、速度较快的地区位于宁夏北部沿黄地带，发展水平低、速度较慢的地区基本都位于宁夏南部山区。

最后，宁夏的城乡差距也比较大。宁夏城镇居民人均可支配收入增长较快，城镇农村人均可支配收入比有所上升，这在经济发展水平相对落后的县（市）的对比中表现更为明显。因此，宁夏不仅面临较大的整体经济发展任务，还面临较为严峻的沟通南北、融合城乡的区域平衡发展任务。

三、经济运行中的结构性问题不断显现

近年来，宁夏经济的高速增长态势开始换挡减速，结构转型出现积极变化，增长动力也在发生转换。但受发展惯性、资源禀赋和国内外环境等诸多因素影响，经济运行过程中的结构性问题仍然较为突出。

首先，工业产业结构仍不合理。“倚重倚能”的重化工业特征非常明显。重工业过重、轻工业过轻的发展趋势并未得到明显扭转，轻重工业比重失衡的畸重型低加工工业结构越来越成为宁夏经济持续健康绿色发展的一种制约。

其次，新兴产业发展动力不足。近年来，宁夏的新兴产业开始得到提升，但由于受宁夏市场规模较小、人口素质不高，交通条件不便等因素的限制，创新、高端、环保等相关战略新兴产业的发展仍面临发展动力不足、可持续性较差等困难。

最后，生产性服务业发展相对滞后。宁夏第三产业的发展在近年来获得突破，目前已成为宁夏国民经济发展中贡献度最高的产业部门。在第三产业内部，虽然金融业等资本、知识密集型服务业得到发展，但总体上与经济增长密切相关的生产性服务业仍滞后于宁夏经济发展的实际需求，尤其是与区域生产密切相关的运输流通服务部门。不断解决经济运行中的结构问题，逐步推动产业结构的优化升级是实现宁夏经济持续健康增长的根本动力。

四、铁路运输供给能力不足

铁路货运量和周转量可以从物流角度反映一个区域工农业生产乃至经济的整体运行情况。铁路是承担我国货物运输的最大载体，尤其是在能源与原材料等大宗物资的运输方面，铁路货运量和周转量的多少可以帮助我们判定社会物资的流动程度，反映经济运行现状，经济运行效率以及国民经济的景气程度。作为自然资源储备较为丰富的省区，宁夏的铁路发展明显滞后。宁夏铁路运输里程长度不足，且增长缓慢，2017 年，宁夏铁路运输里程仅为 1060 千米。铁路货运量和周转量在 2008 年后即让位于公路运输交通方式，不再是宁夏货物运输的最大交通载体。2012 年后，宁夏铁路货运量和周转量绝对值出现下降；而且，作为中长途旅客运输具有优势的铁路客运来说，其旅客运输量在 2010 年后增长缓慢，甚至呈下降趋势，与航空旅客运输量的势差持续收窄。2017 年，航空旅客周转量更是超越铁路旅客周转量，成为中长途旅客运输中最为主要的交通运输工具。宁夏铁路货运量和周转量的变化，与宁夏产业结构调整的推进有关，但更为重要的是宁夏铁路的覆盖面和通达率相对较低，交通不便使其资源和产品无法迅速与国内其他地区形成交换，而且在客运高峰，为了缓解旅客运能紧张而减少货物列车班次的做法进一步加剧了铁路货物运输能力的紧张局面，从而使得部分企业不得不采取其他交通运输方式进行替代，由此限制了宁夏的经济发展；而宁夏铁路客运量与周转量的变化，在很大程度上表明宁夏现有铁路旅客运输服务难以充分满足宁夏人民日益增长的物质文化需求，尤其是速度快、舒适性好的高速铁路的缺位，使得日益注重铁路服务质量的旅客的需求难以被有效满足或者不得不通过航空运输方式来替代，这在一定程度上阻碍了区域人口流动的频率、规模与距离。总体而言，相对于宁夏区域经济的快速发展来说，地区铁路的发展明显滞后，铁路运输供给能力严重不足已成为制约区域经济发展的主要瓶颈之一。

事实上，宁夏交通基础设施的发展对于缓解当前宁夏的区位劣势、区域发展不平衡问题乃至部分结构性问题均具有重要意义。交通基础设施的快速发展，尤其是远距离客货运输的铁路交通的发展，有助于在一定程度上打破宁夏的区位阻隔，加强与周边区域尤其是经济发展水平较高的市场的联系，扩大市场开放度。

其中高速铁路的建设变得尤为急迫。一方面，高速铁路建设能够直接带动人流、物流等要素的快速集散，能够提升宁夏的整体通达性与开放度，减少宁夏的区位劣势；另一方面，城际高铁的开通还将促进宁夏区域内部人口、资源、产品等的快速流转，可以减少区域阻隔，更有效地促进区域间的要素优化配置。而且高速铁路通过对客运运输的高效率承担，能有效缓解铁路货运压力，释放普通铁路货运能力，从而在一定程度上提升宁夏铁路运输供给能力。从这个视角看，铁路交通运输的发展尤其是高速铁路的建设对于宁夏经济发展和区域生产经营的重要性不言而喻。

第二章　宁夏高速铁路发展的基本概况

第一节　高速铁路的内涵及特征

一、高速铁路的内涵

从 1964 年日本东京至大阪的第一条新干线建成通车至今，高速铁路的发展经历了几个不同的发展时期，但至今并未形成有关高速铁路统一严格的定义。日本政府在 1970 年发布第 71 号法令时，为制定全国新干线铁路发展的法律，将高速铁路定义为，“凡一条铁路的主要区段，列车的最高运行速度达到 200 千米/小时或以上者，可以称为高速铁路”。在西欧，一般把新建运行时速在 250～300 千米，或者对既有铁路线路进行线路提速，新建或者改造后的铁路能够运行在 200 千米以上的线路叫作高速铁路。在国际范围内，关于高速铁路的定义主要采用的是国际铁路联盟 UIC① 的表达：列车能够运行的最高时速在 200 千米以上的铁路。

---

① 国际铁路联盟（International Union of Railways，UIC 是法文全称的缩写），是根据 1922 年 12 月在热那亚举行的国际经济会议建议成立于法国首都巴黎，旨在推动国际铁路运输的发展，促进国际合作，改进铁路技术装备和运营方法，开展有关问题的科学研究，实现铁路建筑物、设备的技术标准的统一。UIC 出版了 600 多种活页文件，制定了铁路活动各个方面的国际标准和规范。

随着中国高速铁路的快速发展，中国国家铁路局立足中国实际，制定了中国高速铁路的具体标准，将高速铁路定义为“设计开行时速250千米以上（含预留）、初期运营时速250千米以上的客运列车专线铁路”，并颁布了相应的《高速铁路设计规范》文件。国家发展和改革委员会在2016年颁布的《中长期铁路网规划》中遵从了国家铁路局对高速铁路的定义，但为了更好地优化区域发展空间，对高速铁路的标准进行了因地制宜的调整，将部分时速200千米及以下的轨道线路也纳入中国“八纵八横”高速铁路网的范畴之中。

二、高速铁路的基本特征

与传统铁路相比较，高速铁路可以更好地满足社会不同群体的多样化需求。其主要源于高速铁路所具有的以下显著特征：

其一，高速铁路速度快、旅行时间较短。速度是高速铁路技术水平的最主要标志，与普通铁路相比，高速铁路最大最明显的特征就是高速度，而且在某一旅程范围内，其综合旅行时间相比飞机也更有优势。根据丁金学等（2013）[①] 的研究，运输距离在500千米以内时，高速铁路相比民航占有绝对的优势，这一距离范围内旅客选择高速铁路出行的概率最高；而在900千米以上，民航则占有绝对的优势。500～900千米是高速铁路和航空竞争博弈的显著距离。此外，由于站点距离市区相对较近，乘坐高速铁路更加便捷，而且等车时间也比其他交通运输方式时间短，这些优势使高速铁路在客运市场具有更高的竞争力。

其二，运输能力大、准时高效。与其他交通运输方式相比较而言，高速铁路的运能更大。例如，高速动车组列车的每节车厢可以承载90多人，如果是8节编组列车的话，则每趟高速动车组列车可以运送600余人，若是16节编组高速动车组列车，则单向一次运送的乘客均在1000人以上。而单向一架飞机最多运送550名旅客，汽车就更少了。从每年单向通过能力上看，飞机每年单向通过能力基本在1500万～1800万人次，高速铁路的单向通过能力要高得多，以京沪高

① 丁金学，金凤君，王姣娥，刘东．高速铁路与民航的竞争博弈机器空间效应——以京沪高速铁路为例［J］．经济地理，2013（5）：104－110.

速铁路为例，其单向通过能力达到了8000万人/年①。此外，与其他交通运输方式相比，高速铁路拥有先进的技术保障，采用封闭线路运行系统，能够实现全天候运行，比其他交通方式更高效。而且，高速铁路受到气候环境的影响相对也较少，而飞机、汽车时常受到雨雪、雾霾等恶劣天气的影响，高速铁路则更能准时到达目的地。

其三，安全舒适、能耗较低。安全性是旅客选择何种交通工具出行时必然考虑的重要因素。相比较其他的交通工具而言，高速铁路具有较低的事故伤亡率。高速铁路列车还具有比普通列车和汽车更舒适的乘车环境，其车厢的设计也更为人性化，列车运行更加安全平稳，振幅噪声小很多。而且高速铁路主要采用电力能源，能耗较低，根据王惠臣（2010）② 的测算，按照中国2008年旅客运输完成每万人千米的能源消耗计算，电力牵引铁路、巴士、民航的能耗比例为1∶4.6∶16。此外，高速铁路占地更少，与高速公路相比，高速铁路每千米线路建设用地约为高速公路的2/3。

三、高速铁路的发展历程

自1964年日本建成世界上第一条高速铁路——东京至大阪高速铁路至今，高速铁路从无到有，发展迅速。截至2018年底，全球投入运营的高速铁路约为3.8万千米，分布在中国、日本、法国、德国、意大利、西班牙、比利时、荷兰、瑞典、英国、韩国、中国台湾等17个国家和地区。

高速铁路作为一种安全可靠、快捷舒适、运载量大、低碳环保的运输方式，极大地丰富了人们出行的选择方式，并大大便利了区域间经济、社会、文化上的交流与合作，成为世界交通业发展的重要趋势。从20世纪60年代至今，世界范围内高速铁路发展大致经历了四个主要阶段。在此过程中，高速铁路技术和配套设施不断发展完善，高速铁路里程持续扩大，并在越来越多的国家和地区成为争相发展的重要基础设施。

---

① 京沪高速铁路通过国家验收 输送能力单向8000万人/年［EB/OL］. 人民铁道报，2013-02-26，http：//guoqing. china. com. cn/2013-02/26/content_ 28066195. htm.

② 王惠臣. 中国高速铁路技术经济分析［J］. 铁道经济研究，2010（6）：35-38.

（一）高速铁路起步阶段（1964~1990年）

这一阶段是世界高速铁路发展的初始阶段，主要由发达国家日本、法国、意大利和德国推动了本阶段的建设高潮。1964年10月，东海道新干线正式通车，全长515.4千米，运营速度达到210千米/小时，日本由此成为第一个拥有高速铁路的国家。在这个阶段内，日本共建成通车了东海道新干线、山阳新干线、东北新干线、上越新干线四条新干线，初步形成了遍布全国的新干线网的主体结构，并在技术、商业、财政以及政治上都取得了巨大的成功。

紧随日本之后，法国于1971年修建了从巴黎至里昂的第一条高速铁路TGV东南线，并于1981年开通，其最高运行时速为270千米，巴黎至里昂间的旅行时间由原来的3小时50分缩短至2小时。TGV东南线的成功运营，促使法国于1989年和1990年又建成了巴黎至勒芒、巴黎至图尔的大西洋线。意大利和德国在这一时期也分别修建了各自的第一条高速铁路，如意大利的罗马至佛罗伦萨线以及德国的汉诺威至维尔茨堡高速铁路新线。日、德、法、意四国探索性地开启了高速铁路建设的大门，这一时期高速铁路总里程达到了3198千米。

（二）部分发达国家初步建立高速铁路网（1990~1998年）

由于日本等国高速铁路建设取得了巨大成就，世界各国尤其是发达国家对高速铁路投入了极大的关注并付诸实践，其中，欧洲的法国、德国、意大利、西班牙、比利时、荷兰、瑞典和英国等最为突出。在此期间，瑞典于1991年开通了X2000摆式列车；西班牙于1992年引进法、德两国的技术建成了471千米长的马德里至塞维利亚高速铁路；1994年，英吉利海峡隧道把法国与英国连接在一起，开创了世界上第一条高速铁路国际连接线；1997年，从巴黎开出的“欧洲之星”列车又将法国、比利时、荷兰和德国连接在了一起。此外，日本又修建了第五条高速铁路干线——北陆新干线，德国修建了柏林到汉诺斯高速铁路等。发达国家尤其是欧洲一些国家的高速铁路建设步伐明显加快，并开始在国内初步形成高速铁路网络，而在这期间，日本、法国、德国以及意大利对发展和完善高速铁路网也进行了周密及详尽的规划，对原有高速铁路网进行了大规模扩建。

（三）多国（地区）普遍开始建设高速铁路（1998~2008年）

伴随着欧洲主要国家高速铁路建设与运营的成功推进，高速铁路建设高潮在地理空间上进一步蔓延到亚洲、北美、大洋洲以及整个欧洲，形成了世界交通运输业的一场革命性的转型升级。俄罗斯、韩国、中国台湾、澳大利亚、英国、荷兰等国家和地区在这一时期都先后开始了高速铁路的建设。1998 年，中国台湾地区启动高速铁路修建计划，采用日本新干线技术，修建了连接台湾省的台北市与高雄市之间的高速铁路系统，并于 2007 年正式通车，运行时速 300 千米。韩国采用法国 TVG 技术，在 2004 年底实现高速铁路通车，时速达到了 352.4 千米。东部和中部欧洲的捷克、匈牙利、波兰、奥地利、希腊以及罗马尼亚等国家也陆续开始进行干线铁路改造，全面提速。欧洲各国开始规划在整个欧洲大陆建设高速铁路网络，客观上加速了欧洲各个国家经济、政治的发展进程，推动了欧洲区域经济一体化发展。此外，土耳其、中国、美国、加拿大和印度等国家也开始展开对高速铁路的前期研究和初步实践。这一时期高速铁路的建设与运营里程大大增加。

（四）中国高速铁路迅速在世界崛起（2008 年至今）

2008 年京津城际高速铁路开通，标志着中国首条高速铁路正式开通运营，同时也开启了中国建设运营高速铁路的热潮。2009 年，世界上首条运营里程超过 1000 千米的高速铁路干线——武广高速铁路开通运营；2011 年，京沪高速铁路以 350 千米/小时的速度通车，并成为世界上一次性建成、技术标准最高的高速铁路。截至 2013 年底，中国高速铁路运营里程即突破了 1 万千米，约占当时世界高速铁路运营里程的 45%；在此之后，中国高速铁路持续推进，被誉为“钢铁丝绸之路”的兰新高速铁路于 2014 年 12 月开通运营；2018 年 9 月，广深港高速铁路香港段开通，香港从此并入我国的高速铁路网。2018 年，中国全国铁路旅客发送量约为 33.13 亿人次，其中高速铁路动车组发送旅客 20.01 亿人次，占比达 60.4%。中国高速铁路动车组已成为中国铁路旅客运输的主渠道。截至 2018 年底，中国高速铁路运营里程已达 2.9 万千米，占全世界总里程的 2/3 还要多，并成为世界上高速铁路运营里程最长、运输密度最高、成网运营场景最复杂的国家。中国已成为世界上重要的高速铁路建设者、运营者和服务提供者。

第二节　宁夏外联高速铁路项目的建设

自古以来，区域经济的发展都离不开交通枢纽的作用，凡是曾经扮演着举足轻重地位的古代城市无一不处于交通要道。交通史学家郭海成在《陇海铁路与近代关中经济社会变迁》一书中重点阐述了交通对于区域经济格局的重要作用。交通的区位优势往往会带来经济优势，而经济优势又能带来政治优势。交通运输既是经济发达地区与经济发展较落后地区之间进行资本、技术、人才、市场等要素流动和转移的重要纽带，也是后者向前者输出资源的主要渠道。发达的交通运输设施是地区之间紧密联系、人员和物资流动顺畅的必备条件。

宁夏是我国内陆民族地区，发展相对滞后，经济总量偏低，人均 GDP 也处于全国较低的水平。随着宁夏经济的持续增长，铁路运输能力越来越成为制约经济发展的"瓶颈"，然而在高速铁路时代，宁夏再度落后，在较长一段时期内并未规划实施任何高速铁路项目，这进一步"强化"了宁夏的国家铁路网末梢地位。促进宁夏经济的持续快速发展，首先需要扭转宁夏铁路建设滞后的局面，加大对铁路建设尤其是高速铁路建设的投入，实现铁路的适度超前发展。目前，经过努力，在国家中长期铁路网规划中，宁夏共有 9 条干线铁路项目被纳入其中，并且在"八纵八横"高速铁路网中，有"一纵两横"经过宁夏，另有"一纵一横"辐射宁夏，这使得宁夏从原来国家铁路网的末梢一跃成为高速铁路网的重要节点，开创了宁夏铁路规划史上前所未有的良好局面。其中，发挥对外联络通道作用的高速铁路项目共有四条：正在建设的银川至西安高速铁路项目（宁夏段）和中卫至兰州高速铁路项目（宁夏段）；即将开工建设的银川至包头高速铁路和太中银铁路定边至银川段。上述四条高速铁路建成通车后，宁夏的高速铁路将实现与全国高速铁路网的全面接轨，向东联系长三角经济区方向，向南联系川渝以及珠三角经济区方向，向西联系兰白经济区，向北联系京津冀经济区方向。届时，从银川到兰州只需 2 小时，到西安 3 小时，到太原 3.6 小时，到北京、重庆、成都各5小时，到上海7小时，到广州10小时。

一、银川至西安高速铁路项目（宁夏段）

银川至西安高速铁路项目（宁夏段）又名银西客运专线，是《国家中长期铁路网规划》中的高等级铁路的福银高速铁路的组成部分。银西高速铁路起自西安北客站，向西北经咸阳、礼泉、乾县、永寿、彬州后进入甘肃境内，经宁县、西峰、庆城、环县进入宁夏，沿G211前行经吴忠跨黄河经灵武引入银川枢纽银川站。高速铁路北端经包兰铁路连通宁夏及蒙西地区，中部与太中银铁路、西平铁路及规划平凉至庆阳至黄陵铁路相接，南端通过西安枢纽与陇海通道以及西成客专、西康铁路、宁西铁路等衔接，辐射华东、中南、西南等广大地区。银西高速铁路的建设将形成以西安为中心的关中城市群间和连接银川为中心的沿黄城市带交流的便捷通道，通过西安枢纽与全国快速网的互联互通，辐射华东、中南、西南等广大地区。西安北站至银川站正线长度618千米，全线共设车站20处（含西安北站、银川站），新建特大、大中桥244.40千米/188座，隧道143.85千米/34座，桥梁隧总长388.25千米，桥隧比62.97%。

2015年11月5日，银西客运专线获国家发展和改革委员会批复。2016年8月25日，银川至西安高速铁路陕西段开工，2015年12月26日，银川至西安高速铁路宁夏段正式开工建设，预计将于2020年竣工通车，线路全长640.4千米，其中：宁夏境内长182千米，设计速度目标值为250千米/小时，从银川到西安由14小时缩短至3小时左右。宁夏境内共设车站7座：银川站—银川东—河东国际机场—灵武—吴忠—白土岗—惠安堡。该条高速铁路线路建成后，将结束宁夏、蒙西地区没有高速铁路的历史，大大拉近宁夏与中东部发达地区的时空距离。

二、中卫至兰州高速铁路（宁夏段）

中卫至兰州高速铁路（宁夏段）又名中卫至兰州客运专线，是京兰客专的重要组成部分，同时也是“一带一路”倡议发展核心区域内的重要交通基础设施。2017年6月19日中卫至兰州高速铁路（宁夏段）正式开工建设，预计2022

年全线建成通车，这将使银川到兰州的旅行时间由 10 小时缩短至 2 小时左右，而从中卫至兰州仅需 1 小时。

中卫至兰州高速铁路是国家“八纵八横”高速铁路网中京兰大通道的组成部分，线路自吴忠至中卫城际铁路的中卫南站引出，向南经白银，向西过兰州新区，接既有中川机场线，引入兰州，全线设中卫南、白银南、兰州新区南等 6 个站，按照双线 250 千米/小时速度目标值、客运专线标准建设。线路正线全长 219. 7 千米，其中宁夏境内长 46 千米。这一高速铁路建成后，将打通宁夏连接北京、呼和浩特、银川、兰州的高速运输大通道，大大拉近西北与华北、东北以及东中部地区的时空距离，成为北接“京哈通道”、西连“陆桥通道”、南下“兰广通道”的重要纽带，将贯通包银高速铁路、银西高速铁路、吴忠至中卫城际铁路，共同构成宁夏内联外通、通边达海的“黄金通道”，对于强化陕甘宁蒙地区之间的横向联系，加强铁路沿线地区的交流合作、协同发展意义重大。

首先，这一高速铁路线路的建设可加快形成我国西北地区连接华北的便捷快速客运通道，有利于均衡区域客运专线网，对减轻京广客专的运输压力具有重要意义。

其次，这一线路的建设运营还将为与其连接的其他线路带来大量的诱发运量和转移运量，对充分发挥各线路及其网络的运输能力，盘活存量资产，提高运能利用率和运输收入，进而提升整体路网的效益具有重要意义。

最后，中卫至兰州高速铁路线路的建设运营还将对深入推进西部大开发战略，促进西部少数民族地区经济发展、加强民族团结，全面建设小康社会等亦具有重要的战略意义。

三、银川至包头高速铁路

京呼银兰是国家高速铁路网“八纵八横”中的重要“一横”。目前，京呼银兰大通道仅剩下包头至银川段未建，成为京呼银兰大通道的“瓶颈”。包头至银川高速铁路项目是国家和两省级自治区“十三五”规划中的重点铁路建设项目，其主要穿越在内蒙古中西部和宁夏北部地区，沿途经过内蒙古境内的包头、巴彦淖尔、鄂尔多斯、乌海，宁夏境内的石嘴山、银川，总长度 550 多千米，其中：

宁夏段114千米，设计时速250千米。另外，银川至巴彦浩特高速铁路与银包高速铁路打包建设，全长90千米，其中：宁夏段52千米，计划按照双线每小时200千米技术标准设计，预留每小时250千米的提速条件。建设包头至银川高速铁路、巴彦浩特至银川快速铁路，不仅有助于在“十三五”末期贯通京呼银兰大通道，促进呼包鄂经济区、宁夏沿黄经济区、兰白经济区联动发展，进而加快西部大开发，而且对于推进内蒙古、宁夏各自发展和两个自治区间更紧密的合作，以及带动沿线城市更好地承接东部发达地区产业转移等均具有重大意义。2017年，中国铁路总公司已经将这一项目列入开工计划，2018年8月包银高速铁路宁夏段正式开工建设。

四、太中银铁路定边至银川段扩能改造项目

太原至中卫（银川）铁路，简称“太中银铁路”，是《中长期铁路网规划》的西北至华北新通道的重要组成部分，线路东起太原南站，西达包兰线中卫地区迎水桥编组站（支线至银川站），跨越山西省中西部、陕西省北部、宁夏回族自治区中北部地区，横穿23个县市区，三跨黄河，铁路等级为国铁Ⅰ级，是国家“十一五”铁路建设重点项目，设计时速160千米/小时，预留提速200千米/小时条件。线路全长944千米，其中太（原）中（卫）正线752千米，定（边）银（川）支线192千米。太中银铁路定边至银川段扩能改造正在加紧进行前期研究，计划在“十三五”末开工建设，实现青银通道贯通。这一项目完工后，将成为宁夏向东出行的一条快速大动脉，配合公路、航运线路，进一步强化宁夏与其他地区与城市间的互联互通。

第三节　宁夏城际高速铁路的建设

为了加快推进五市“同城化”，宁夏正在研究推进银川城市轨道交通和银川都市圈轨道交通网建设，计划在区内城际轨道交通中，构建以银川为中心，五市

互联互通的城际快速轨道网络。目前，有两条城际铁路开工建设中——银川至吴忠城际铁路和吴忠至中卫城际铁路，另有宝中铁路固原至中宁段扩能改造项目在计划建设中。

一、银川经吴忠至中卫城际铁路

宁夏首条高速铁路——吴忠至中卫城际铁路属于银西高速铁路的一段，全长135千米，设计时速250千米，是自治区采用“PPP+施工总承包”模式兴建的第一条高速铁路。这一线路北起吴忠，向南沿京藏高速经关马湖和滚泉，穿越牛首山丘陵区至中宁东站，向西沿黄河南岸经宣和至中卫市，全线桥梁比49.16%，新建车站3座：红寺堡北站、中宁东站、中卫南站。吴忠至中卫城际铁路将于2019年内建成运营，目前已进入静态验收阶段。与此同时，银川至吴忠段城际铁路同步建设。其全线建成通车将结束宁夏没有高速铁路和城际铁路的历史，显著改善区域交通条件。这一城际铁路不仅是连接吴忠、中卫两地的高速通道，更是形成北京、呼和浩特、银川和兰州客运专线的重要组成部分，届时将与银西高速铁路共同构成宁夏内联外通、通边达海的黄金通道，为打造宁夏“一带一路”战略支点发挥重要作用。建成后，银川至兰州可实现2小时到达，并使吴忠、中卫融入全国高速铁路网。

二、宝中铁路固原至中宁段扩能改造项目

宝中铁路固原至中宁段扩能改造项目是固原地区与宁夏沿黄城市群的快速连接的重要通道，全长183千米，投资总额约86.7亿元。该项目沿线经过原州区、同心、海原等地，覆盖重点城镇较多，可直接接入京兰高速铁路大通道。目前，中国铁路总公司已组织召开了项目预可行性研究报告审查会，初步确定了本项目线路方案、技术标准等，速度目标值为双线160千米/小时。这一既有线路进行的提速升级改造，不仅能够确保固原—银川开行动车，弥补固原没有快速铁路的空白，也是固原实现对外快速铁路通道的唯一希望。

总体而言，宁夏高速铁路建设在近年来取得重大突破。在“十三五”末期不仅有望实现银川与西安的高速铁路连通以及京呼银兰通道全线贯通，进而推动

宁夏全面融入全国高速铁路网，而且在远期，宁夏还规划了中卫至武威高速铁路，以缩短银川至乌鲁木齐的高速铁路距离。通过上述项目的实施，宁夏高速铁路里程将超过800千米，形成东向连接长三角经济区，沟通西安、武汉、上海等城市；南向联系川渝及珠三角经济区，沟通成都、重庆、广州等；西向联系兰白经济区，沟通兰州、西宁、乌鲁木齐等；北向联系京津冀经济区，沟通北京、天津等四通八达的高速客运通道。届时，宁夏到兰州、西安、川渝和北京等重点城市的旅行时间将控制在2~5小时。宁夏的地理区位将发生重大改变，身居内陆交通不便带来的区位劣势将得到大幅削减。更为重要的是，高速铁路的修建还将为宁夏的生产力布局和区域经济重组提供难得的历史性机遇，有助于推动宁夏在区域、产业空间布局方面的调整，加大与西安、兰州、北京、成都等地在产业发展、经济合作等各方面协调的力度，从而获得更多发展机会。

第三章　高速铁路建设对区域经济发展的影响机理及效应

高速铁路建设是一项投资规模大、建设周期长、影响面广、社会效益大的项目。高速铁路的建设和运营，不仅使地区运输能力和质量得到极大的提高，改善了区域内和各区域间的交通运输条件，加强了沿线各地区、城市间的联系，推动了交通地理区位的改变，而且能够对经济社会的科学发展、可持续发展起到积极作用，保障经济社会发展中各项活动的更良性运行。总体来看，高速铁路发展与经济社会发展相互影响、相互联系，两者间是一个相互作用、反馈和支撑的关系——经济社会活动的快速发展需要以高速铁路为代表的现代交通运输方式的支撑，而经济社会发展进步正是建设和发展高速铁路的前提及基础。高速铁路的发展增强了经济社会系统的开放程度，通过集聚和扩散作用强化了经济社会各子系统间既有的联系，有助于区域资源重新整合和产业结构的调整优化。从实践层面看，高速铁路的建成与投产，往往会为城市经济社会发展带来难得的历史机遇与广阔的发展空间。尤其是伴随着中国高速铁路建设的大规模推进，其经济社会效益也日益显现出来。在此背景下，高速铁路建设到底将如何作用于一国的经济社会发展？其具体的影响路径如何？对这些问题的回答变得日益重要而迫切。为此，本章将从理论上系统梳理高速铁路建设对区域发展的影响机理及作用路径——这也是当前经济学、地理学等领域研究的一个重要问题。

第一节　高速铁路建设对区域经济社会发展的主要影响机理

高速铁路作为交通基础设施的一种类型，其对地区经济社会发展的影响路径既具有交通基础建设作用的一般性，又具有其自身的独特性。从理论上解读高速铁路建设对地区经济社会发展的影响机理离不开对其一般性与特殊性的系统梳理。

一、交通基础设施建设对地区经济社会发展的一般影响机理

从理论上讲，交通基础设施建设影响地区经济社会发展的主要机制至少包括以下三个方面：一是交通基础设施的人口流动加快机制；二是交通基础设施建设的交易成本降低机制；三是交通基础设施建设的直接增长促进机制。

（一）人口流动加速机制

交通基础设施是经济体工业化、城市化的重要产物。一般而言，交通基础设施建设的分布决定了区域城市经济活动的分布，一个地区交通可达性的提高有助于更好地配置包括土地、资本、劳动力等在内的生产要素。从时间层面看，交通基础设施建设通过提高区域可达性克服了时间阻碍，压缩了生产要素进行空间转移所需的时间，提高了旅行的时间利用率和要素的流通效率，保证了要素流动的时效性。而在原有交通基础设施基础上进行的新增支线和其他交通枢纽建设，还可以通过提供功能更为齐全、选择更为多样的服务，促进劳动力的流动。从空间层面看，交通基础设施建设通过提高某一区域的可达性范围，还可以对其他区域产生一定的空间外部性影响，发挥市场潜力，扩大劳动力等要素流动的范围与规模。更为重要的是，交通基础设施建设水平的丰裕程度最终也反映了跨部门、跨地域流动劳动力转移成本的变化，其可得性水平的提升有助于降低人口的转移成本，这对于主要受价格信号的引导、包括农村劳动力转移在内的流动人口来说，

有助于促进其在更大区域范围内实现相对频繁的流动（贾朋等，2016①），从而增加流动人口特别是农村富余劳动力的就业机会并增强其收入多元性，进而在提升经济配置效率的同时，推动实现城乡收入差距的降低和人民生活状况的改善。

（二）交易成本降低机制

交通基础设施建设还有助于降低运输成本、交流成本，促进商品与信息更为便捷地流动与转移。交通基础设施的建设与完善有助于显著降低企业的运输成本。Fernald（1999）② 通过考察行业数据发现，较为依赖交通运输的行业的生产率受交通基础设施投资变动的影响更大。Jacoby 和 Minten（2009）③ 研究发现，交通基础设施的改善可以显著降低企业的交通运输以及贸易成本，促进贸易增长。张光南和宋冉（2013）④ 的分析表明，中国交通基础设施有利于降低中国制造业生产成本和要素投入。此外，交通基础的设施改善还将带动人口流动、货物流转和资金流动，并进一步催生信息的流动，为相对闭塞、边缘的地区带来更多的市场消息，从而进一步降低交易成本，更好地促进这些地区的发展。

（三）经济增长促进机制

根据世界银行的报告，基础设施作为经济活动的“齿轮”，为经济活动提供了最基本的服务，为物质和人力资本积累提供了便利。与此同时，交通基础设施的改善有助于联结并联通市场，在促进贸易发展的同时带动国内经济的增长。Duranton 等（2014）⑤ 的研究表明，美国州际高速公路的开通对贸易的发展有着显著的促进作用。上述效果在发展中国家也十分普遍。Donaldson（2010）⑥ 以印度为研究对象，发现印度的铁路建设能够显著地促进区域之间的贸易以及国际贸

① 贾朋，都阳，王美艳．中国农村劳动力转移与减贫［J］．劳动经济研究，2016（6）：69－91.

② Fernald，J. G. Roads to Prosperity? Assessing the Link between Public Capital and Productivity［J］. American Economic Review，1999，89（3）：619－638.

③ Jacoby，H. G.，and B. Minten. On Measuring the Benefits of Lower Transport Costs［J］. Journal of Development Economics，2009，89（1）：28－38.

④ 张光南，宋冉．中国交通对“中国制造”的要素投入影响研究［J］．经济研究，2013（7）：63－75.

⑤ Duranton，G.，P. M. Morrow，M. A. Turner. Roads and Trade：Evidence from the US［J］. Review of Economic Studies，2014，81（2），681－724.

⑥ Donaldson，D. Railroads of the Raj：Estimating the Impact of Transportation Infrastructure［D］. NBER Working Paper，2010.

易的发展。此外，交通基础设施投资建设过程中还将直接增加就业、促进城镇化的进行，并为落后地区带来先进技术、资本，产生有利的收入分配效应和经济增长效应（刘晓光等，2015①；Atack et al.，2010②）。

二、高速铁路建设对地区经济社会发展影响的独特性

（一）更为强烈的“时空压缩”属性

时空压缩（Compression of Time and Space）的概念最初是由美国社会学家R. D. 麦肯齐于1933年在其撰写的《都市社区》一书中提出的。他根据公路货运资料数据，制作了一个“美国近代空间缩短形势图”，并探讨了交通对个人与社会组织的影响。其后，美籍华裔社会学家杨庆堃教授结合中国的实际，将历史与当代的时空数据加以科学的对比，研究了中国近现代交通技术的发展所引起的空间距离和空间性质的变化，并于1948年发表了《中国近代空间距离之缩短》一文，第一次绘制了“中国近代空间缩短形势图”。他认为，空间本是隔离人与事之间关系的因素，两地空间距离相距越远，两地人群的关系越淡漠，两地之间的组织越松散。但空间对人和对事的隔离作用，会随交通、运输、通信的发展而减小。现代交通运输通信越发展，两地来往越节约时间与费用，由此也提高了人际交往的频率与办事效率，密切了人际关系，在一定程度上加强了社区的凝聚力，深化了社区之间的联系。时空压缩理论突出了交通通信技术与方式对现代社会生活和人际交往的重要作用，为人们进一步认识社区的内部区位结构和外部联系，完善社区的各种分工，改善人们的交往关系等，提供了重要的理论依据。这一理论认为，一定地域范围内人际交往所需的时间和距离，随着交通与通信技术的进步而缩短。

与传统的交通运输方式相比，高速铁路不仅能够优化区域原有的交通网络，

---

① 刘晓光，张勋，方文全．基础设施的城乡收入分配效应：基于劳动力转移的视角［J］．世界经济，2015（3）：145－170.

② Atack，J.，F. Bateman，M. Haines，R. A. Margo. Did Railroads Induce or Follow Economic Growth［J］. Social Science History，2010，34（2）：171－197.

其所具有的载客量大、速度快、准点率高、安全性好的优势（杜兴强、彭妙薇，2017[①]），能够更大程度地压缩时空距离，进一步促进人员、货物、资金、信息等的流动频率与速度（Vickerman & Ulied，2006[②]），也能够更好地满足劳动力等生产要素流动的需求，大大提高生产要素流动的速度和规模。集快速、安全、舒适和高效于一体的高速铁路，其产生的显著“时空压缩”效应，可以快速有效地解决大量旅客的输送问题，这对于促进高速铁路站点附近旅游资源的开发与发展具有十分重要的意义。由于空间距离和交通可达性是影响游客选择出游目的地的首要因素，其中空间距离往往起着阻碍作用，因此，高速铁路极其强烈“时空压缩”效应的发挥，使得客源地与旅游地的空间距离被大大压缩，其阻碍作用大大降低（汪德根等，2015[③]）。因而，在时间、距离不变的情况下，游客出行的空间距离逐渐增大，出游半径逐渐增大，均有助于促进旅游地的客流量增长。例如，欧洲佩皮尼昂和巴塞罗两地间高速铁路的开通大幅度减少了旅行时间，加快了两地间短途游客互游（Masson & Petiot，2009[④]）。中国京沪高速铁路和武广高速铁路开通后，济南和武汉等城市旅游客源市场半径 AR 值与高速铁路开通前相比，分别向外拓展了 265.84 千米和 325.39 千米，拓展率分别为 56.79% 和 60.48%（汪德根，2013[⑤]）。不仅如此，高速铁路的开通还有助于增强核心区域向边缘区域的客流扩散效应，亦称为客流“溢出效应”（王欣、邹统钎，2010[⑥]）。例如，武广高速铁路提高了湖北核心城市武汉的中心地位，在强化核心城市扩散作用的同时，还增强了核心城市与边缘城市的联系，促使大量高速铁路客流从核

---

① 杜兴强，彭妙薇．高速铁路开通会促进企业高级人才的流动吗？［J］．经济管理，2017（12）：89－107.

② Vickerman，R.，Ulied，A. Indirect and Wider Economic Impacts of High Speed Rail［J］. Economic Analysis of High Speed Rail in Europe，2006，（23）：3－13.

③ 汪德根，牛玉，王莉．高速铁路对旅游者目的地选择的影响：以京沪高速铁路为例［J］．地理研究，2015（9）：1770－1780.

④ Sophie Masson，Romain Petiot. Can the High Speed Rail Reinforce Tourism Attractiveness? The Case of the High Speed Rail between Perpignan（France）and Barcelona（Spain）［J］. Technovation，2009（29）：611－617.

⑤ 汪德根．旅游地国内客源市场空间结构的高速铁路效应［J］．地理科学，2013（7）：797－805.

⑥ 王欣，邹统钎．高速铁路网对我国区域旅游产业发展与布局的影响［J］．经济地理，2010（7）：1189－1194.

心城市武汉扩散到宜昌和十堰等边缘城市，使边缘区域内部旅游发展差异缩小（汪德根，2013①）。但另外，更为强烈的高速铁路“时空压缩”效应的发挥，还可能强化经济活动在空间范围内的集聚，从而形成不利于落后地区发展和空间均衡分布的“中心—外围”空间结构（张克中、陶东杰，2016②）

（二）更为明显的投资效应

交通基础设施的投资效应是指交通基础设施，作为一种大规模的投资项目，其在建设过程中会增加对相关产品及服务的需求（Hong et al.，2011③）。与普通铁路和高速公路等一般性交通基础设施建设相比，高速铁路建设本身是一项投资更为巨大的项目，不仅建设周期长，而且工程量浩大、建设投入高昂，因此，在高速铁路的筹备、建设以及建成的不同时期均需要投入大量的人力、物力和财力。具体而言，以高速铁路建设为例，每千米高速铁路建设的所需投资即可达到约0.8亿~1.2亿元。因此，高速铁路建设本身能够带动并吸纳沿线地区大量劳动力的就业，消化大量过剩产能，直接促进高速铁路沿线地区建筑业、制造业和部分第三产业的发展，并刺激区域总需求水平的提升，带动高速铁路沿线地区的产业发展与经济发展，具有更为明显的投资效应。

三、“点—轴系统”与高速铁路网络的区域经济社会发展影响

20世纪60年代初，以德国学者沃纳·松巴特（Werner Sombart）为代表提出了生长轴理论，强调了交通运输干线建设对经济活动的引导和促进作用。该理论认为，伴随连接中心城市的重要交通干线的建设，将形成新的、有利的区位，营造良好的投资环境，产业和人口向交通干线聚集，以交通线为“主轴”逐渐形成一条产业带，交通干线就是产业带形成的发展轴。中国科学院陆大道研究员于1984年提出了“点—轴理论”。根据该理论，“点”是带动各级区域发展的中

---

① 汪德根．武广高速铁路对湖北省区域旅游空间格局的影响［J］．地理研究，2013（8）：1555－1564.

② 张克中，陶东杰．交通基础设施的经济分布效应——来自高速铁路开通的证据［J］．经济学动态，2016（6）：62－73.

③ Hong，J.，Chu Z.，Wang，Q. Transport Infrastructure and Regional Economic Growth：Evidence from China［J］. Transportation，2011（38）：737－752.

心城镇，“轴”是指线状基础设施经过的沿线地带，通过优先开发轴线地带，使发展轴及其附近区域经济中心实力不断增强，辐射及吸引范围不断扩展，干线逐渐扩展成支线，支线又形成次级轴线和发展中心进一步扩展，最终形成由不同等级的发展轴和发展中心组成的具有一定层次结构的“点—轴系统”，使区域内的资源和产业得到有效融合，形成“优势互补、分工合理、联动发展”的经济圈，从而拉动区域内、区域间的经济社会全面发展。伴随着高速铁路的大规模建设，尤其是高速铁路大通道的快速形成与发展，根据“点—轴”发展理论，高速铁路在区域经济发展中扮演着越来越重要的轴的连接性作用，通过高速铁路的连接形成区域空间“走廊”、拓展区域的空间和要素共享。

从我国的实践看，在高速铁路线路基础上进行的高速铁路网络建设将成为我国当前及未来一段时间内的重要任务。我国“十三五”规划纲要明确提出，要加快推进高速铁路成网建设。2018 年，国务院办公厅印发《关于保持基础设施领域补短板力度的指导意见》（国办发〔2018〕101 号），要求加快推进高速铁路“八纵八横”主通道项目，拓展区域铁路连接线，进一步完善铁路骨干网络，加快推动一批战略性、标志性重大铁路项目开工建设。高速铁路通道和网络的快速形成与发展，使得高速铁路对区域经济发展的通道效应和连接轴效应不断交织、拓展，大大强化了“点—轴”互动的方式与频度，从而对区域经济社会发展的影响也更为显著。

第二节　高速铁路建设运营对区域经济社会的可能正面效应

近年来，国内外不少国家掀起了高速铁路建设的高潮。作为交通运输业的一种革命性的运输工具，高速铁路的开通运营改变了区域经济格局，深刻地影响着高速铁路沿线区域经济社会的发展。国内外关于高速铁路对区域经济的影响研究尚未得出一致结论，但大部分经济社会学者都指出，高速铁路的发展改变了区域运输方式之间的竞争关系，影响了区域产业布局结构以及促进了区域经济增长和区域经济发展结构的优化等，即高速铁路对区域经济发展产生了较为显著的正面影响。本节将重点总结高速铁路建设及开通运营可能带来的主要正面效应。

一、高速铁路的“乘数效应”

乘数效应（Multiplier Effect）是一种宏观经济效应，是指经济活动中某一变量的增减所引起的经济总量变化的连锁反应程度。乘数效应包括两个方向的作用：从宏观经济增长的视角看，当政府投资或公共支出扩大、税收减少时，对国民收入有加倍扩大的作用，从而产生宏观经济的扩张效应；当政府投资或公共支出削减、税收增加时，对国民收入有加倍收缩的作用，从而产生宏观经济的紧缩效应。铁路是典型的经济拉动型行业，其建设和运营很可能对地区社会发展和经济总量变化产生连锁反应，从而带动地区经济社会取得发展的“加速度”。

从建设期看，高速铁路建设涵盖了基建、铺轨和车辆生产购置等阶段，涉及多个产业，其建设需要大量的土建工程材料、通信、信号、电力、电子设备和大型施工机械。高速铁路大规模投资蕴含着巨大的发展潜能，有助于带动多个产业的发展。根据测算，如果每年用于高速铁路建设的投资为3000亿元时，将消耗钢材约1000万吨、水泥约6000万吨、石类材料约9330万立方米、砂类材料约15480万立方米、汽柴油约165万吨。通过运用投入产出模型计算，高速铁路建设每年可为中国创造社会总产出9580亿元、GDP4150亿元，每年可以创造或保留国内就业岗位680万个。从运营期看，高速铁路建成运营后，还将提升沿线土地、房地产价值，拉动商业服务、娱乐休闲和商务办公等现代服务业，打造出以高速铁路车站为核心的临站经济圈，从而促进沿线地区服务业产业的发展，高速铁路开通运营的乘数效应由此而凸显。

此外，高速铁路建设还涉及多学科、多专业的综合性先进技术，涵盖电子、信息、材料、机械、航空、环保等一系列高新技术领域，集中反映了当代新型牵引动力、高性能车辆、高速运行控制指挥、安全监控、高质量线路、运输组织和经营管理等多方面的技术进步。与此同时，高速铁路的技术发展，特别是以高速动车组为主的多领域高新技术发展，会不断推动与高速铁路相关的工程、材料、

机车及零部件制造、通信信号设备生产、计算机软硬件开发等领域的技术进步，带动机械、冶金、建筑、橡胶、合成材料、电力、信息、计算机和精密仪器等产业的升级换代、技术水平的提升和新材料以及信息产业的研发，进而形成不断发展和壮大的高新技术产业群，促进相关高新技术产业的发展。

二、高速铁路的"同城效应"

同城效应是指经济社会活动在相邻地区或更大范围内发生重要的作用和联动效应，是城市现代化发展的新趋势，也是经济全球化发展局势下城市间互相交流合作发展的必然产物。

高速铁路的开通，通过改善区域交通条件，提高了城市间的可达性和沿线地区的经济活动效率，使衡量空间远近从距离变成了乘坐通达时间的长短，并能够创造城市发展新的增长点，从而推动了中心城市与卫星城镇形成合理布局，增强了中心城市对周边城市的辐射带动作用，强化了相邻城市间的"同城效应"，使得沿线各城市间的经济、社会和文化交流更加广泛便捷，使区域内大中城市的区位优势增加，有利于形成统一的市场竞争机制，为城市发展提供良好环境。以京沪高速铁路为例，高速铁路开通后，北京、天津、上海、济南、南京等高速铁路沿线大城市与周边小城镇的时空距离极大缩短，沿线城市之间同步打造了"同城"高速铁路公交化通道，使得人们的活动范围、资源分配和利用范围拓展到城市群范围，改变了人们活动空间和对城市边界的认识，大多 1 个小时内就能到达，出现了"1 小时生活圈""2 小时高质量服务圈"，提高了人们的出行频率；也使得大量高科技产业、生产性服务业以及旅游休闲、总部经济、商贸金融等消费性服务业得以在沿线城市发展，并促使周边小城镇向卫星城的方向发展，在区域空间结构中不再拘泥于行政隶属关系，而依据交通区位决定其在区域空间结构中的关系，从而吸引大城市的人流，平衡基础设施和公共服务设施，缓解了大城市的压力。在欧洲，高速铁路的"同城效应"甚至发生在国家与国家之间，以德国、法国为代表的拥有高速铁路的发达国家对周边国家体现出了较强的辐射拉动作用。

三、高速铁路的“集聚、扩散效应”

集聚效应（Combined Effect）是指各种产业和经济活动在空间上的集中所产生的经济效果以及吸引经济活动向一定地区靠近的向心力，这是导致城市形成和不断扩大的基本因素。集聚效应是一种常见的经济现象，如产业的集聚效应，最典型的例子当数美国硅谷，聚集了几十家全球 IT 巨头和数不清的中小型高科技公司。国内的例子也不少见，在浙江，诸如小家电、制鞋、制衣、打火机等行业都各自聚集在特定的地区，形成一种地区集中化的制造业生产布局。扩散效应（Diffusion Effect）是指所有位于经济扩张中心的周围地区，都会随着与扩张中心地区的基础设施的改善等情况，从中心地区获得资本、人才等，并被刺激促进本地区的发展，逐步赶上中心地区。

集聚与扩散效应是增长极理论中的两个作用过程。集聚效应是指“极化过程”，在高速铁路发展过程中，更多表现为高速铁路促进中心城市发展成为一个经济增长极，并以其较强的经济技术实力和优越条件，将周边区域的自然和经济社会潜力（如矿产资源、原材料、投资、劳动力、信息技术等）吸引过来。扩散效应则意味着增长极的繁衍，是指中心城市不断向周边地区产生辐射作用，通过物质能量输出和空间扩散来带动周边地区的发展。Kingsley E. Haynes（1997）指出，高速铁路的存在使区域联系和区域工业综合体的空间相互作用方式发生变化。① 高速铁路的建成，将改善沿线各城市的投资环境，增强发展能力，使大中城市成为具备集聚与扩散效应的经济增长极，推动城市化程度的提高和城市经济密集带的形成，进而实现经济发达地区对经济发展滞后地区、中心城市对周边城市、大中城市对卫星城镇的辐射拉动。简而言之，高速铁路通过缩短站点城市间的时空距离，改善地区交通可达性，进而推动了区域间经济、社会、文化等方面的相互作用和联系，把多个城市连接在一起，建立了一个新型、可达性好的区域或走廊。

---

① Kingsley E. Haynes. Labor Markets and Regional Transportation Improvements：The Case of High - speed Trains［J］. The Annals of Regional Science，1997，31（1）：57 -76.

高速铁路开通运营所带来的集聚与扩散效应的发挥，还与城市的等级密切相关。对于二线城市而言，高速铁路的开通运营有助于增加二线城市人流、物流的空间位移数量和频次，促进同等级城市间及其与一线城市间的合理分工和配合，从而有助于提高经济社会发展效益；而且，二线城市多为一定区域内的经济中心，高速铁路的开通运营还将提升二线城市对其周边城镇，尤其是三四线城市的生产要素集聚与扩散作用。但从时间维度看，尤其是“点—轴”形成初期，吸引力和集聚力明显，一些地区对要素的集聚伴随着另一些地区相关要素的流失。因此，短期内、二线城市对于三四线城市的综合效应更多反映为要素的集聚，即“极化”效应，会导致三四线城市及其周边城镇生产要素资源的净流出。从长期看，高速铁路开通运营的经济增长效应更为均衡，具有明显的时间累积效应（年猛，2019①)

第三节　高速铁路建设运营对区域经济社会发展的可能负面效应

伴随着世界范围内高速铁路的快速发展，尤其是我国大规模的高速铁路建设，区域城市间的运力不足瓶颈已得到显著突破，并对经济社会发展产生了诸多正面效应，成为推动经济转型升级、增强区域经济竞争力的重要引擎。但高速铁路犹如一把双刃剑，其经济效应具有两面性。正确认识高速铁路建设运营的区域经济社会发展效应需要对其可能存在的正面效应与负面效应进行深入解读，才能更好地利用其正面效应并将其发挥到最大，同时更有效地控制负面效应的发挥。在这一部分中，本书将重点探讨高速铁路建设运营对区域经济社会发展的可能负面效应。

① 年猛．交通基础设施、经济增长与空间均等化——基于中国高速铁路的自然实验［J］．财贸经济，2019（8）：146－161.

一、高速铁路可能带来的“虹吸效应”

虹吸效应又称虹吸现象，本指在物理学中由于液态分子间存在引力与位能差能，液体会由压力大的一边流向压力小的一边，直到两边的大气压力相等，容器内的水面变成相同的高度，水就会停止流动的现象。从经济学的视角上看，虹吸效应多指经济发达的大城市因其自身的优势地位吸引周边其他地区的生产要素向自身集聚，而减弱其他小城市的发展基础的现象。

不少学者通过研究发现，伴随着高速铁路的大规模建设与运营，区域间人才、资金、信息等各种发展要素分布发生改变，将城市之间的发展梯度落差增大，产生一些生产要素由中小城市向中心城市单向转移的现象，这种现象称为“虹吸效应”。其基本逻辑是：高速铁路的建设和运营大大增强了城市间、区域间的资源流动性，方便了生产要素向经济发展水平较高、发展环境更优越的地区流动，强化了大城市的优势地位，提升了大城市的吸引力，使其能够集聚更强大的发展势能。在这一过程中，经济发展缓慢、资源禀赋不足的地区，则面临着人才、资金、技术等本来就稀缺的生产要素进一步流失的风险，使自身发展的动力减弱，从而进一步拉大同优势城市间的发展差距，造成“富者更富，穷者更穷”的局面。例如，沪宁高速铁路刚刚开通时，一家苏南企业就有意向把总部搬到上海。不少高速铁路沿线市（县、区）对高速铁路也抱有“既期待又担忧”的复杂心态。他们期待的是缩短与发达地区间的时空距离，可以在更大限度上接受经济辐射；担忧的是区域内部可移动资源在高速铁路开通后快速流出，甚至导致本地经济的“空心化”。张梦婷等（2018）[①] 的研究进一步发现，高速铁路建设运营提高了地区市场准入，促进外围城市资本和劳动力等生产要素向中心城市的集聚而对外围城市产生虹吸效应。而且，他们的研究还发现，城市初始交通禀赋越低、行业资本或技术密集度越高、高速铁路站距离城市中心越近，高速铁路建设的虹吸效应就越明显；高速铁路虹吸效应的有效范围是高速铁路站与城市中心

---

① 张梦婷，俞锋，钟昌标，林发勤．高建铁路对城市经济的影响研究［J］．中国工业经济，2018（5）：137－156.

30 千米的道路距离。

二、高速铁路可能带来的“挤出效应”

公共支出造成的财政赤字对私人投资和支出的挤出效应表现为政府为了平衡财政预算赤字，采取发行政府债券的方式，向私人借贷资金市场筹措资金，从而导致市场利率上升，私人投资和支出相应地下降。就高速铁路而言，伴随着高速铁路的快速发展，高速铁路以其在速度、安全、环保、舒适等方面的突出优势，越来越受到百姓青睐。而高速铁路建设投资规模的扩大，在一定程度上会对其他部门以及其他交通方式的投资形成挤出效应。

实际上，基础设施建设的挤出效应是一个被关注较多的话题。Delorme 等（1999）① 指出，基础设施建投资规模的扩大会对其他部门，尤其是对民营、制造业等与内生增长动力相关部门产生挤出效应。虽然基础设施建设能够降低中间品的生产与运输成本，提升产出效率，但其可能带来的对最终品生产部门的挤出会对经济增长起到抑制作用（Bougheas et al.，2000②）。Riedel 等（2007）③ 的理论分析还发现，基础设施建设的过量投资会对其他部门投资规模产生较大的负面冲击；而且这一现象在大多数发展中国家普遍存在（Cavallo & Daude，2011④；方红生、张军，2009⑤）。张光南等（2010）⑥ 以及唐东波（2015）⑦ 认为，市场环境和开放水平较低的区域，其挤出效应更为严重，并以此解释了现实中国中西

---

① Delorme，C.，H. Thompson，R. Warren. Public Infrastructure and Private Productivity：A Stochastic - frontier Approach［J］. Journal of Macroeconomics，1999（21）：563 - 576.

② Bougheas，S，P. Demetriades，T. Mamuneas. Infrastructure，Specialization，and Economic Growth［J］. Canadian Journal of Economics，2000（33）：506 - 522.

③ Riedel，J.，J. Jin，J. Gao. How China Grows：Investment，Finance，and Reform［M］. Princeton University Press，2007.

④ Cavallo，E.，C. Daude. Public Investment in Developing Countries：A Blessing or a Curse?［J］. Journal of Comparative Economics，2011（39）：65 - 81.

⑤ 方红生，张军. 中国地方政府竞争、预算软约束与扩张偏向的财政行为［J］. 经济研究，2009（12）：4 - 16.

⑥ 张光南，李小瑛，陈广汉. 中国基础设施的就业、产出和投资效应——基于 1998—2006 年省际工业企业面板数据研究［J］. 管理世界，2010（4）：5 - 13，31.

⑦ 唐东波. 挤入还是挤出：中国基础设施投资对私人投资的影响研究［J］. 金融研究，2015（8）：31 - 45.

部地区基础设施建设投资的低效问题。

作为交通基础设施建设的一种重要形式，高速铁路的大规模、高速度、政府为主导的投资建设，也会在一定程度上对其他私人部门、消费部门等产生挤出效应。不仅如此，伴随着以高速铁路为代表的轨道交通重新树立起其在综合交通运输体系中的骨干地位以及高速铁路在速度等方面优势的日益突出，高速铁路的大规模建设还会对其他交通运输方式的投资产生挤出效应。从当前发展情况看，高速铁路的大规模发展对高速公路业务的挤出效应已经显现，也将在一定范围冲击航空运输业务（周国华，2017①）。因此，在高速铁路建设过程中，需要认真审视高速铁路在综合交通体系中的定位，以及其与高速公路以及航空等其他交通运输方式的衔接与联通。

三、高速铁路可能带来的负向“涓滴效应”

涓滴效应是指在经济发展过程中并不给予贫困阶层、弱势群体或贫困地区特别的优待，而是由优先发展起来的群体或地区通过消费、就业等方面惠及贫困阶层或地区，带动其发展和富裕，或认为政府财政津贴可经过大企业再陆续流入小企业和消费者之手，从而更好地促进经济增长的理论。目前，学界和政界对涓滴效应存在较多争论，不少研究认为，所谓的“涓滴效应”很难惠及弱势群体和经济发展相对滞后的地区，相反，很可能在发展过程中进一步恶化部分地区和部分人群的发展状况，使他们难以真正从整体的经济增长中获益。这种在经济增长过程中财富向部分高收入者积聚，而中下收入阶层收入恶化的现象，被称为负向涓滴效应（刘志国、边魏魏，2013②）。

既有大量研究表明，修建高速铁路对提高沿线地区交通运输能力具有正向效应，有利于促进运输市场合理化和运输结构优化，而且通过高速铁路的“连通—带动—整合”作用，可以把多个孤立城市和地区连接为一个扩张的功能区域或者

---

① 周国华．高速铁路对综合交通运输体系的影响分析［N］．中国科学报，2017－01－24. http：//news. sciencenet. cn/ sbhtmlnews/2017/1/320068. shtm.

② 刘志国，边魏魏．负向涓滴效应：经济增长与收入分配的恶化［J］．南京财经大学学报，2013（4）：1－7.

整体经济“走廊”。但在这一过程中，并不是所有城市所有人群都可以从中同等获益。虽然高速铁路建设的经济目标是对相邻地区或更大范围产生重要的联动与分享效应，但也可能产生过道效应，即：高速铁路经济带中的中心区域影响不断强化而非中心区域进一步边缘化，从而成为人口、资本等要素流动的过道。从旅游场和社会网络看，高速铁路经济带中心区域扩散场的强度最大，成为高速铁路线路最重要的旅游客源地，同时也削弱了非中心区域的旅游竞争力，使非中心区域成为区域中心区域游客往来的“过道”。例如，京沪高速铁路站点中，由于天津紧邻北京，无锡靠近上海、南京和苏州等重要旅游目的地，从而导致天津和无锡越来越受到过道效应的影响，呈现出旅游流积聚的过道效应（汪德根，2014①）。又如，在长珲高速铁路站点中，松原紧靠长春，辽源紧靠吉林，所以高速铁路开通前后，松原和辽源的相互作用经济强度变化并不像其他城市那样明显，可能会加剧旅游流的过道效应（甘静等，2017②）。这种负向涓滴效应，不仅存在于地区之间，还存在于群体内部。由于贫困人口相对其他群体在人力资本、技能水平、市场参与能力等方面存在较大劣势，从而很难凭借自身力量与资源利用高速铁路建设运营带来的机遇提升自身的经济状况，甚至可能因高速铁路的建设运营拉动与其他群体之间的差距。因此，在考虑高速铁路建设运营的区域经济社会发展效应时，应充分重视其可能带来的负向涓滴效应。

---

① 汪德根．京沪高速铁路对主要站点旅游流时空分布影响［J］．旅游学刊，2014（1）：75－82.

② 甘静，张羽慈，魏冶等．吉林省高速铁路经济下的旅游效应研究——以长珲高速铁路为例［J］．吉林师范大学学报（自然科学版），2017（1）：135－140.

第四章　高速铁路建设运营对区域经济发展的主要影响路径

从作用路径视角看，高速铁路对区域经济增长的影响主要体现在以下三个方面：一是对区域经济增长的拉动作用；二是对区域产业结构调整与升级的提升作用；三是对特定产业的推动作用。本章将围绕上述三个方面系统解读高速铁路建设运营对区域经济增长的主要影响路径。

第一节　高速铁路建设对区域经济增长的拉动作用

对于区域经济增长的认识，最为直观的方式即是观察区域国内生产总值（Gross Domestic Product，GDP）的变化。在上一章中，我们分析了高速铁路建设运营对区域经济社会发展的主要作用机理，这一章将更具体地分析高速铁路建设运营的区域经济增长拉动作用。这种作用主要体现在如下三个方面：高速铁路建设对 GDP 的直接拉动作用、对 GDP 的前向带动作用和后向带动作用。

一、高速铁路建设运营对 GDP 的直接拉动作用

高速铁路建设运营对区域经济增长的直接拉动作用主要体现为作为国民经济的组成部分，其本身所创造的产出（增加值）的增加，直接引起国民财富

（GDP）的增加，从而促进经济增长（骆玲、曹洪，2010①）。

对于高速铁路建设对GDP的作用，可以从基础设施在经济增长中的作用变化一窥大小。交通基础设施与经济增长的关系一直是经济学者重点关注的问题。进入20世纪40年代以后，包括交通在内的基础设施与经济增长的关系研究获得了明显进展，不少学者提出了许多有见地的思想，被广泛用于指导发展中国家的实践。英国著名的发展经济学家罗森斯坦·罗丹（P. N. Rosenstein - Rodan）最早提出了“大推进”理论（The Theory of the Big - push），认为投入产出过程中的不可分性能够增加收益，并对提高资金产出比作用更大。在基础设施的供给方面，“社会分摊资本”具有明显的过程上的不可分性和时序上的不可逆性。他指出，发展中国家摆脱贫困、实现经济发展的唯一路径即是走工业化道路，而实现工业化，就需要一次性、大规模、全方面地投资于交通等基础设施建设，从而产生规模经济效益，使整个社会获得“外在经济”效益，因此可以认为，交通等基础设施是一种社会先行资本，必须优先发展；美国经济学家华尔特·惠特曼·罗斯托（Walt Whitman Rostow）在《经济成长的阶段》一书中提出了他的“经济成长阶段论”，同样也将交通等基础设施视为社会先行资本，认为交通等基础设施发展是实现“经济起飞”的一个重要前提条件。美国经济学家西蒙·史密斯·库兹涅茨（Simon Smith Kuznets）通过对发达国家产业演进历史规律的考察，发现基础设施所属的第三产业，会随着经济的发展，在国民经济中占据越来越大的份额；而基础设施中的交通运输和通信业创造的产值增加的速度快于平均的经济增长速度。因此，他在《各国的经济增长》一书中指出，“现代经济增长中最富有生产成分之一的运输及通信部门，其份额显然连续一贯地上升，这些部门在GDP和总劳动力中所占的份额趋于上升”②。社会基础设施产业的附加价值在国民经济中所占的份额不断上升，这也说明基础设施产业直接推动经济增长的作用在增强。

在库兹涅茨理论的基础上，考虑到不同时期交通运输的发展对经济增长的影

① 骆玲，曹洪．高速铁路的区域经济效应研究［M］．成都：西南交通大学出版社，2010.

② 西蒙·库兹涅茨．各国的经济增长［M］．北京：商务印书馆，1985.

响作用可能存在差异，韩彪（1994）① 等学者提出并发展了“交替推拉关系”假说。这一假说认为，在交通运输发展的历史进程中，每当一种代表性的新型运输方式出现，会使交通发展进入“剧变期”，而相邻的两次“剧变期”之间的时期称为交通发展的“渐变期”。在特定的运输系统中，随着经济的发展，社会对交通运输的需求提出了新的要求，这些要求在初期往往处于原有交通运输方式的极限之内，可以通过对原有运输系统的改造来满足。这一时期即“渐变期”，交通运输主要对经济增长起支持作用，即推动经济的增长，也被定义为“推动效应”。如果交通运输的发展跟不上经济发展的步伐，经济的发展就需要拉着交通运输业走，即表现为交通运输阻碍经济发展的消极方式。随着这种消极效应的累积，社会对交通运输的需求将突破原有运输系统的极限，迫使新的交通运输方式的产生以及迅速发展，并造就了一批新型产业的发展壮大——这一时期被称为“剧变期”。在“剧变期”内，交通运输的发展超前于经济增长，对经济增长起拉动作用，被定义为“拉动效应”。

从以上理论可以看出，交通基础设施建设投资是经济增长的重要来源构成之一，并通过以下两个主要路径直接促进 GDP 的增长：其一是交通基础设施投资规模的大小，交通基础设施的投资规模越大，其直接拉动 GDP 增长的力度就越强；其二是交通基础设施的技术经济优势，新的、更具技术经济优势的交通基础设施往往能够带来运输方式的革命，从而促进资源配置方式的优化升级，进而更好地拉动 GDP 的发展。此外，更具技术经济优势的交通基础设施还具有更强的产业带动作用，从而对区域经济社会发展的促进作用也将更强。

高速铁路建设与一般的交通运输方式相比，具有更为明显的投资数额巨大、技术优势明显、产业链长等特点。根据前文的分析，高速铁路建设相比一般的交通运输方式，能够对 GDP 增长产生更为显著的直接拉动作用。以京沪铁路为例，京沪高速铁路的土建工程总投资达到了 837 亿元，占总投资的 40% 左右；高速铁路运行速度的提高还对高速列车的各种设备提出了更高的技术要求，从而导致高

① 韩彪. 交通运输发展理论［M］. 大连：大连海事大学出版社，1994.

速列车的建造成本与购置费用也很高，每列车基本达到了2亿元（骆玲、曹洪，2010①）。巨大的投资数额和明显的技术优势，使得高速铁路建设会比一般交通基础设施建设产生更为显著的GDP直接拉动作用。

二、高速铁路建设运营对GDP的前向带动作用

阿尔伯特·赫希曼（A. O. Hirschman）在《经济发展战略》一书中提出了产业关联的概念。他指出，产业关联是指某一特定产业规模和技术的变化能通过投入和产出关系对其他产业产生直接或间接的影响②，并根据关联的方向可以将其分为前向关联和后向关联。前向关联效应又称产品利用，是指通过供给关系影响下游产业部门经济活动发生变化的行为；后向关联是指通过需求关系影响上游产业的经济活动。他指出，产业间普遍存在着由需求关系和供给关系而相互关联的产业现象。对于拥有较长上下游产业链的高速铁路建设来说，其具有较强的产业带动性，并能通过其产业带动进而促进GDP的提升。从前向带动效应来看，高速铁路的修建，将会为国民经济中的其他部门提供基础性服务，从而推动相关产业产出的增加，带动GDP的提升。其中，较为突出的表现为，高速铁路的修建能将更多的产成品更有效率地运送到消费地、将更多的原材料运送至生产地、将更多的旅客以更短的时间运送到目的地，这为原有生产部门扩大生产、原有市场扩大规模提供了条件。而且，高速铁路作为基础设施，有助于满足国民经济各个产业部门的需求，其相对其他产业来说，具有更为广泛的服务辐射面，从而高速铁路建设所带来的GDP前向带动作用也往往更强。

三、高速铁路建设运营对GDP的后向带动作用

高速铁路建设运营对GDP的后向带动作用主要体现在为高速铁路建设运营提供所需中间产品的部门在其参与高速铁路建设运营的过程中对促进GDP的增长所产生的带动作用。与一般铁路相比，高速铁路是建立在现代综合科学技术基

---

① 骆玲，曹洪．高速铁路的区域经济效应研究［M］．成都：西南交通大学出版社，2010.

② 赫希曼著，曹征海、潘照东译．经济发展战略［M］．北京：经济科学出版社，1991.

础之上的一个庞大的新型客运铁路系统工程。高速铁路建设运营所涵盖的产业广泛。在这一过程中，高速铁路建设运营将带动基于后向需求联系的工程机械、桥梁隧道等专用钢铁、轨道加工生产、机床、轨道辅助设备等相关产业的发展，而线上列车的制造及采购还将带动机车及车厢生产商、钢铁、轴承、信号设备、计算机控制系统等产业的发展。与此同时，高速铁路的建设运营还涉及多学科、综合性的先进技术，以及电子、信息、材料、机械等一系列高新技术领域，集中反映了当代新型牵引动力、高性能车辆、高速运行控制指挥、安全监控、运输组织和经营管理等多方面的技术进步，并对这些领域提出了较高的技术要求。例如，高速铁路运行要求具有长期稳定的路基、道床和高平直度钢轨的线路，这就要求从土壤处理技术开始发展一系列的土建施工技术、设计制造特殊的大型施工机械；而高速动车组则需要保证旅客在高速运行状态下的乘坐舒适性与安全性，这就要求有良好的减震降噪技术、空调和气压调节技术、旅客信息与通信技术等。因此，高速铁路的建设与运营不仅将通过扩大对上游产业作为中间产品的投入量以提升产出和 GDP 的增长，还将通过促进这些产业的技术与产品质量的进步提升产业增长能力，并带动 GDP 的进步。

第二节　高速铁路建设运营对区域产业结构调整与升级的促进作用

所谓产业结构，是指经济结构中三大产业的比例关系。产业结构调整与升级在一般意义上是指，经济体中的主体产业逐渐由第一产业向第二、三产业转移，就业人口也逐渐由第一产业向第二、三产业聚集。隆国强（2007）借助经典的“微笑曲线”理论进一步拓展了对产业结构调整与升级的认识，指出发展中国家产业结构调整与升级的三个方向，即：从劳动密集型产业向资本和技术密集型产业转移、从劳动密集的价值环节向资本与技术密集的价值环节提升与向信息与管

理密集的价值环节迈进。[①] 这与 Humphrey 和 Schmitz（2002）[②] 概括的“价值链间升级”和“功能升级”是一致的。姚枝仲（2011）在现有研究基础上将产业结构升级分为三种形态：一是主体产业从第一产业向第二、三产业的顺次转移；二是工业部门内部的产业变动，即从以劳动密集型行业为主向以资本和技术密集型行业为主的逐步发展；三是企业或产品生产过程中参与的价值链升级。[③] 高速铁路通过提供大量运力，有利于加强沿线城市间的物资与人力资源交流，其带来的产业结构调整与升级效应更多体现在第一个层次和第二个层次。

一、改善传统产业发展环境，加快转型升级步伐

依托高速铁路所产生的“同城效应”，可以实现区域资源共享，加快产业梯度转移，有效推动区域内产业优化分工，围绕构建高速铁路沿线产业链条，形成比较优势，促进沿线地区的产业协调互补发展。尤其是伴随高速铁路发展所形成的资金和资源在不同梯度地区间频繁交流与往来，由此串“点”成“线”、拓“线”为“带”而形成的沿线产业带，进一步深化了区域分工格局，改变了沿线各大中城市产业结构趋同的状况，提高产业结构中第三产业的比重，尤其是推进了旅游资源的整合与发展，带动了物流、旅游和会展等产业的发展。与此同时，促进了各城市转向与更大区域的经济聚集区融合，进一步促进资源的有效分配和社会分工的优化，并在冲突与竞争中实现部分重要产业错位竞争和错位发展，增强竞争力，加快产业转型升级的步伐。例如，京沪高速铁路有力促进了北京、上海两大中心城市向河北、山东、安徽、江苏等沿线省份实施产业转移，总规模高达数千亿元。距长三角最近的徐州—宿州—蚌埠—滁州一线成为承接我国东部沿海制造业转移的重点区域。徐州是江苏、安徽、山东、河南四省交界处的中心城市以及陇海—京沪两条铁路大动脉的汇集点，京沪高速铁路的建成大幅拉近了徐

---

① 隆国强．全球化背景下的产业升级新战略——基于全球生产价值链的分析［J］．国际贸易，2007（7）：27－34.

② Humphrey，J.，H. Schmitz. How Does Insertion in Global Value Chains Affect Upgrading in Dustrial Dusters?［J］. Regional Studies，2002，36（9）：7－14.

③ 姚枝仲．国际投资与产业升级的动态学［J］．东南大学学报（哲学社会科学版），2011（6）：5－8.

州与南北两大经济圈的经济距离，使其在承接长三角技术与资源的同时，又能充分享受京津冀的环境优势。济宁在京沪高速铁路开通后很快融入长三角、环渤海经济圈，围绕济宁优势产业，有针对性地开展招商引资活动，与上海、苏州、无锡、天津滨海新区等城市签订了多项产业转移和配套合作协议，实现了互补对接、扩散对接与连锁对接，提高了产业集中度，构建起高层次产业基地，2013年，第三产业的比重较2010年提升了5个百分点。而沧州、泰安、宿州、蚌埠、滁州等地级市，以及滕州、昆山、丹阳等县级市属于三级城市，更多发挥了其在劳动力、土地、资源等方面的低成本优势，进一步承接来自二级城市的产业转移，通过不断改进生产效率和提升技术水平，重点发展了劳动密集型、资源密集型产业。随着沪宁、沪杭、宁杭、京沪等高速铁路的开通，长三角地区协同分工、错位发展、有序推进的产业体系逐步完善，有效支撑并在很大程度上引导了上海以知识型服务业体系，杭州以现代商务休闲、文化创意等产业为核心的高附加值产业体系，宁波以现代物流商贸和电子商务为主的商贸产业体系，苏州、无锡、常州等以具有区域特色的新型制造业产业体系等的发展。传统产业发展环境因此不断改善，同时转型升级步伐不断加快。

二、推动形成新兴产业，促进产业结构调整优化

高速铁路具有速度优势，其所带来的巨大客流、信息流、资金流和产业流，对沿线产业培育发展带来重大机遇，尤其将显著吸引并壮大旅游、商贸、房地产、文化教育等与人流聚集和速度有直接关系的现代服务业的发展。高速铁路建成运营后，一方面，将显著提升沿线土地、房地产价值，拉动商业服务、娱乐休闲和商务办公等现代服务业的发展，并有助于打造以高速铁路车站为核心的临站经济圈，促进了沿线地区产业结构优化升级，例如，武广高速铁路开通后，沿线各地区充分利用区位优势，发展诸如会展、旅游、餐饮、住宿、零售等第三产业，实现了客流增长和经济发展之间的良性互动；另一方面，高速铁路的开通运营还将依托高速铁路所营造的空间区位优势和势能，集聚优质生产要素，培育形成一些原本不具有发展基础或发展优势的高端服务业，成为带动城市现代服务业发展的新的增长点和增长极。例如，贵广高速铁路的开通运营，快速拉近了黔桂

沿线经济同珠江经济带之间的距离，促进了区域间更加密切的往来，使黔桂地区更深层次地融入到了发达的珠江经济带，推动了黔桂地区部分特色高端服务业的发展。以贵州为例，在贵广高速铁路开通前，虽然贵州具有康养产业发展的优越地理气候条件，但在较长的一段时期内贵州的森林康养产业发展缓慢，森林康养基地不仅数量少，而且相关的软硬件配套设施也十分欠缺，没有形成产业集群，无法有效获得森林康养产业带来的各方面红利。交通不便是彼时制约贵州康养产业发展最重要的瓶颈因素之一。贵广高速铁路开通后，随着贵州到广州的交通瓶颈被打破，以及与成渝对接进而打通贵州到华东的大通道，大大改善了贵州的地理空间格局和市场辐射范围，也正是从此时起，贵州的康养产业正式起步并得到迅速发展。目前贵州康养产业多点开花，且通过融合“高速铁路 + 康养”，大大促进了贵州康养高端服务产业以及总体发展水平的提升。

在此需要特别说明的是，高速铁路的建设只是为沿线区域产业结构的优化提供了必要的条件。要做到产业结构的优化，必须充分认识当地资源的经济价值，对其加以科学有效地利用。如果铁路沿线地区不能生产出具有一定附加值的工业产品，产业结构调整缓慢，则高速铁路对当地经济发展的作用就只能停留在较低的水平上，不能充分地发挥高速铁路对沿线资源和要素的整合和配置作用。

第三节　高速铁路建设运营对特定产业发展的推动作用

从产业上看，与第一、二产业相比，高速铁路建设运营对第三产业的影响更为显著，尤其是对与人口流动聚散密切相关的旅游业以及与速度与效率相关的物流业的发展作用明显。与此同时，高速铁路的发展还将为地区经济特色产业，尤其是对运输效率、运输条件与运输成本敏感的特色农业的发展提供机遇。本节将深入到产业内部，进一步探讨高速铁路建设运营对旅游业、物流业和特色农业的具体作用路径及其可能产生的影响。

一、高速铁路建设运营与地方旅游业的发展

随着经济发展水平的提升和人们闲暇时间与闲暇消费的增加，休闲旅游逐渐成为一种生活方式，并呈现出快旅慢游的倾向与需求。高速铁路具有速度快、舒适度高、换乘方便、候车时间短等特点，极大地迎合了旅游者的需求，并对旅游经济的发展和国内旅游格局的变迁产生了重要影响。

首先，从对旅游城市群空间格局的影响上看，高速铁路的建设运营在较大程度上压缩了地区间的时空距离，区域可达性的空间格局发生了渐变与重塑。随着可达性重心逐渐由发达地区向欠发达地区、由大城市向中小城市迁移，边缘区的可达性得到拓展与优化，区内外可达性差距不断缩小。在高速铁路带动的区域交通网络化、经济发展一体化以及区域旅游一体化发展的现实背景下，城市群旅游经济联系伴随着高速铁路的建设运营而得到进一步增强，群内城市能够联合设计旅游线路，推出整体旅游产品，使区域间的旅游合作成为可能；伴随“一小时交通圈”“一日交通圈”的逐步形成，以城市群内旅游中心城市为核心节点的旅游经济带动和影响进一步显现，并推动群内城市旅游发展呈现出典型的旅游经济发展圈层结构。

其次，从对旅客行为方式的影响上看，高速铁路所带来的时空压缩效应将显著影响游客的目的地选择、旅游逗留时间长短和年度旅游频率选择等。随着高速铁路建设的增多和常态化运营，越来越多的游客在选择目的地时，将是否开通高速铁路作为衡量该目的地价值的重要指标之一。高速铁路延长了人们的出游半径，从而给予了人们更多的旅游目的地选择，而高速铁路所带来的舒适性和便捷性，使得游客旅游出行的季节性影响因素减弱，从而使年度出游频次逐渐增加。但与此同时，在快捷抵达的同时也缩小了区域旅游可进入性的差距，在延长出游半径和增加出游频率的同时很可能会减少游客在外总体停留时间和在某一景点的停留时间。而且高速铁路建设运营主要改善的是干线出行的方式，并未同步改善旅游其他要素。因此，高速铁路沿线各地在探索旅游业发展的同时，也可能引起旅游发展的竞争，出现“游客”变“过客”的情况。因此，高速铁路开通以后，

各地在积极抢抓机遇的同时，也要加速城市和旅游公共服务建设。

最后，从对旅游业态的影响上看，主要体现在新的旅游方式、旅游产品、旅游组合等的不断涌现，以拉动旅游需求并促进旅游产业升级。例如，专门的高速铁路旅游线路相继诞生。合福客运专线、京沪高速铁路、沪昆宁高速铁路、杭深高速铁路、京广高速铁路以及西成高速铁路等正迅速成为游客青睐的旅游线路。其中，作为国家5A级风景区、世界自然和文化双遗产的武夷山，得益于合福高速铁路的拉动，呈现出游客“井喷”现象。根据统计数据显示，自2015年6月合福高速铁路开通，短短一个月时间，武夷山旅游业就累计接待游客118.80万人次，同比增长42.86%。兰新高速铁路自开通以来，新疆铁路部门借助高速铁路优势资源，结合疆内各地区特色旅游活动，先后开行了吐鲁番的“杏花专列”“桑葚专列”、东疆哈密的“坐高速铁路品果鲜”水果采摘专列等动车旅游专列。与此同时，北京、上海、广州、福州、武汉、西安、成都等10多个城市组织了旅游专列进疆活动，大大促进了新疆旅游业的发展。此外，随着高速铁路与旅游的融合，还激发出一批新的旅游产品和组合方式。例如，西成高速铁路开通后，携程旅游平台上线了100多条与“西成高速铁路动车”相关的跟团游、自由行、当地游产品。而新的旅游产品组合方式也不断涌现，如高速铁路+旅游景区、高速铁路+租车旅游、高速铁路+酒店、高速铁路与旅游综合体结合等。这些以高速铁路为载体，满足旅游者旅游需要的各项要素的组合，促进了旅游业的升级调整。

二、高速铁路建设运营与物流业的发展

物流产业的发展程度影响着社会经济中的各个组织单位，大力发展现代化物流，对推动区域经济发展和人民生活质量的提升具有十分重要的作用。铁路物流系统的发展一直是物流产业的重要组成部分，但长期以来，由于基础建设滞后、投资不足等原因，我国铁路运输一直存在运能紧张的状况。尤其是在客货混跑的模式之下，客运与货运相互干扰，春运期间矛盾最为集中，而往往为了满足庞大的客流需求，致使货运基本停滞。

高速铁路的建设运营有助于推进物流业尤其是铁路物流业的发展。首先，高

速铁路的建设运营有利于实现铁路客货分线运输，在较大程度上释放了铁路运输能力，从而使铁路承担的远途运输能力得到进一步的提高。结合高速铁路的建设进度，并根据高速铁路干线通道的贯通情况和铁路系统统筹规划路网能力的整体运用，通过界定高速铁路与普速线路、新线与既有线、同方向多条平行径路之间的功能定位，合理划分大型枢纽和编组站的作业分工，可以在最大程度上推进铁路网运输能力的合理分工和均衡利用①，进而大大提升了铁路物流的运送效率。

其次，高速铁路的开通运营为铁路发展快运物流开辟了新的发展空间，利用高速铁路列车和动车组列车运送小件快运货物由此成为可能。2012 年3 月，中铁快运公司以天津西站高速铁路营业部为试点，制订了高速铁路、动车组当日达、次晨达、次日达等时限快运业务的整体方案。广州铁路（集团）公司随后首次通过武广高速铁路上的动检确认车（为检查确认运营安全，开行的无旅客动车组列车）批量运送大宗快递货物。高速铁路快运业务较传统的快运服务更加快捷、性价比更高，高速铁路快运业务的探索促进了服务产品升级，拓展了铁路服务功能，为全国高速铁路发展相关货运物流产品提供了参考和借鉴。

最后，伴随着高速铁路的开通运营，铁路货运物流系统将进一步发挥其低成本、大运量的运输优势，促进了全国物流资源的合理分配；与此同时，客车化开行等新型货运组织方式还有利于不同运输方式间的有效衔接，实现铁路与公路、铁路与水路的一体化多式联运，进一步促进公路、铁路、航空、水路等运输方式的合理分工与协调运作，推动我国综合物流体系的形成，从而降低全国整体物流成本。尤其是铁路货运优势的发挥和一系列铁路物流产品的推出，将大幅提升铁路货运与物流的服务质量和市场竞争力。一方面，铁路运能限制的缓解将促进铁路优势运距内的货源回归，改变目前公路从事长距离运输的状况；另一方面，铁路针对高附加值货源的快捷货运产品将打破航空在快捷物流方面的传统优势，降低小件、快件的物流成本。而铁路物流服务质量的提升还将促进各运输方式间的

---

① 张晓东，唐亚龙．我国高速铁路稳步发展对物流业的影响分析［J］．物流技术与应用，2012(5)：48-50.

物流协同运作，实现物流服务方式的优化与调整，在满足客户需求的同时优化资源配置，提高物流效率。

此外，制造业是我国国民经济和区域经济发展的重要支柱产业，也是物流社会化的需求基础；物流业作为重要的生产性服务业，其发展对于促进地区制造业的结构调整和产业升级具有重要作用。因此，物流业尤其是低成本、大运量的铁路物流的强势回归和高速铁路物流的快速发展，将高质高效地满足制造业所释放的物流需求，更好地促进区域制造业的发展。对于中西部地区而言，迅速扩大的高速铁路建设投资，不仅有利于为当地钢铁、水泥等行业发展创造巨大的市场需求，更为重要的是，高速铁路的建设运营，将带动物流、旅游等服务业的发展，帮助中西部地区减少对重化工业的依赖，逐步优化经济结构和产业结构。

三、高速铁路建设运营与地方特色农业的发展

农产品的主要特点是生鲜，许多农产品因为难以保鲜，其可交易性受到了时空制约，严重影响了农产品的生产和销售。尤其是较为偏远的省份和地区，由于受地形等自然条件和交通条件落后等的限制，导致地方特色农产品在较长时期内很难外运，特色农业发展相对滞后。伴随着高速铁路的开通运营，地方特色产业尤其是特色农业发展面临新的发展机遇。

首先，高速铁路运行速度超过普通火车和公路货车，成本低于飞机，并具有安全、准时、稳定、路程平稳、温度恒定等优势，可以为生鲜食品的运输提供高速铁路物流方案，保障生鲜食品的新鲜度，从而为地方特色农产品，尤其是具有一定品质和价值的生鲜农产品销往中长距离城市提供了可能，增强了农产品的可交易性。在实际中，2018 年 5 月 16 日，顺丰及中铁快运已经联合宣布“高速铁路极速达”生鲜业务正式上线，能够实现当日寄、当日达，促进绿色农业与高速铁路特色运输的联动发展。当日，“高速铁路极速达”樱桃专递项目的首批运输自济南西站、青岛、烟台、潍坊、泰安站辐射城市周边樱桃产地，通过 21 条线路，将山东樱桃运送到北京、上海、杭州等城市①。伴随杭黄高速铁路的开通，

① 罗明忠，项巧赟．借力高速铁路助推农业转型升级［J］．新疆农垦经济，2019（5）：19－24.

建德紧抓高速铁路时代带来的机遇，持续推广各类农作物优新品种和农产品优质生产技术，推进有机、绿色、无公害农产品及基地的认证与认定，并创建了草莓、柑橘、茶叶、特种水果等一批高端农产品，努力打造成为杭州市的“果盘子”“菜篮子”和“茶罐子”，取得了良好效果。

其次，伴随高速铁路及与之配套的交通物流设施的建设与发展，人与人之间、地区之间的时空距离被大大压缩，在加快人流、物流、信息流时空融通的同时，还将进一步缩短农产品从产区到销区、从田头（鱼塘）到餐桌、从生产者到消费者的物流和时间，提高了消费效率，让各地各具特色的农产品可以被更多人了解也更为便捷地获得，这大大扩展了农产品的交易半径，并促使特色农业的发展进入良性循环轨道。以贵州为例，由于生产方式和地理条件等的影响，贵州农药、化肥施用量总体上远低于全国平均水平，是发展无公害食品、绿色食品和有机食品的理想区域。而且贵州具有天然的生态隔离条件，地方特色畜禽品种资源十分丰富，形成了关岭黄牛、从江香猪、黔东南小香羊等优良地方畜禽品种。但由于地理条件和交通条件的阻碍，这些农副产品、生态农产品在较长时期内难以外运且并不为大众熟知。而贵广高速铁路的开通不仅为少数民族特色农产品、生态农产品提供了更为便利的交通运输条件，更因其直通广州而形成了更大的消费市场。自 2014 年贵广高速铁路开通运营后，贵州特色农产品运输量呈现明显上升趋势。其中，贵州黔南的贵定，努力打造大鲵、茶叶、商品蔬菜等特色优势产业，积极引导特色名优产品“进高速铁路、上车厢”，借助高速铁路将本地的特色农产品源源不断地运往上海和广东等沿海发达地区，努力建设成为沿海地区养生休闲的“菜园子”和“后花园”，推动了当地经济的发展。

最后，对于农业产业发展而言，高速铁路的开通既为农产品的销售增添了翅膀，也为与农业相关的休闲旅游等带来了人流，从而休闲农业体验区、农业田园综合体以及高端农产品、特色农产品等就有了客源基础和市场。因此，高速铁路的开通运营还将推动实现农村发展从单纯农产品生产向农业产业发展，再向农村经济三产融合发展的变革。比如，江西上饶婺源抢抓“高速铁路时代”机遇，坚持“以旅促农、以农强旅、农旅结合”的方针路线，不断强化“全国休闲农业与乡村旅游示范县”品牌。借助高速铁路的辐射带动效应，传承本地特色饮食

 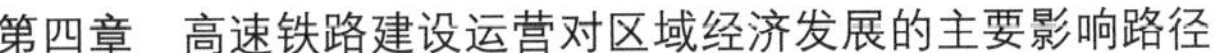 

文化，挖掘民族文化，传承优秀文化，唱响红色文化等，在这一过程中加快一二三产融合，做强一产，做优二产，做活三产，创新农业组织，打造农业发展新业态，进一步推动农业和文化、农业和旅游、农业和教育、农业和养老养生等产业的融合，打造现代农业发展新范式。

第五章　国内外典型高速铁路线路的区域经济发展效应分析与借鉴

高速铁路发轫于20世纪50～60年代，经过发达国家及发展中国家和地区的长期探索、支持与发展，世界上形成了诸多具有代表性及典型意义的高速铁路线路。这些高速铁路线路建成通车后如何与区域经济互动，其产生的影响如何，将为我国新一轮高速铁路建设，并分析其区域经济发展效应提供重要借鉴意义。因此，本章将分别探讨国内外典型高速铁路线路及其对区域经济发展影响和借鉴意义。

第一节　国外典型线路

一、日本东海道新干线

（一）基本情况

第二次世界大战后的20世纪50年代后半期，日本经济从战后复兴向高速增长过渡，工商和流通业较为发达的京滨、中京、阪神地区成为带动整个日本经济发展的火车头。连接上述地区的东海道铁路线虽只占日本铁路总长的3%，却承担了全国客运总量的24%和货运总量的23%，而且运输量的年增长率超过全国

平均水平，运输能力已达到极限。为促进经济发展，实现富国目标，全面加强连接上述三大工商业地带及其周边地区的东海道铁路干线已成迫切之需。

日本运输省于1957年设立了由专家学者组成的“日本国有铁路干线调查会”，就如何增强东海道铁路线运输能力等问题进行探讨，并提出如下三种方案：一是将已经复线化的原有窄轨铁路线再复线化；二是铺设窄轨新线；三是修建标准轨新线。经过多方研究，要最大限度地提高东海道铁路线的“速达性”，修建标准轨新干线成为理所当然的选择。1958年12月，日本内阁会议批准了修建东海道新干线的设想。

1964年10月1日，世界第一条高速铁路——日本东海道新干线建成通车，运行最高速度为210千米/小时。与此同时，新横滨地区开始进行城市基础设施建设及生活必备设施建设，如小型的零售店、餐饮店，还有酒店、保龄球场、医院和一些专业学校也开始进驻新横滨，增添了区域活力。但截至1979年，新横滨完成的土地开发还不到原计划的15%，且人口数量增长缓慢，新干线客流量一度从15000人/天跌落至10000人/天。究其原因，主要是由于新横滨还处于发展起步阶段，基础设施建设在短期内很难看出成效，只有随着城市功能的不断完善才会逐渐发挥效应。此后，随着新横滨的交通和基础设施建设逐渐完善，不断有医院、企业总部进驻。依托便利的交通，大量的信息流在新横滨地区中转、汇集。因此，新横滨地区受到了众多IT企业的青睐，而从新横滨到成田机场的大巴又将高速铁路与空港实现联运，为IT产业快速进行信息交换和汇集提供了更大的平台①；体育场馆的全面建成也为新横滨承办大型体育赛事、音乐会等奠定了基础。

（二）经验启示：高速铁路带动影响下的老城复苏与新城崛起

日本高速铁路快速发展时期正值日本城市化快速发展的阶段，处于这种经济社会背景下，在市区边缘引入高速铁路线路、新建高速铁路车站往往成为城市发

---

① 研究证明，高铁仅仅在国内中短途出行中对航空产业产生一定的冲击。实现高铁和空港联运，可以大幅节约时间成本，吸引对时间敏感的产业，如展览物流业、高新技术产业及现代服务业，进一步引领城市产业升级。在充分利用前期开发形成的商务网络基础上，与空港联运一方面为新横滨打通了与关西方面的联系，另一方面还可以吸引外资，再配合一些政策和技术指引，新滨能够成为IT行业尖端区域也是必然的。

展的一项重要策略。此举不仅能够带动城市在规模上的扩展，还可以引导城市在结构上进行调整，并且在正确的城市发展战略的引导之下，使新建高速铁路站周围发展成新的城市副中心区。日本东京新宿的城市发展就属于上述典型。

新宿火车站于1885年启用，当年的新宿仍属于郊外，车站设施简陋且使用者不多，直到1915年小田原急行铁道新宿站的启用，才逐渐使新宿发展成为了比较繁荣的地区，但是“二战”的爆发又使新宿地区遭到了极其严重的破坏。战后，为了解决东京城市功能过度聚集而带来的各种社会矛盾和压力，“首都整备委员会”于1958年决定将新宿规划建设成为东京的综合性副中心。这一决策给新宿的发展带了极大的机遇。首先便是新干线新宿站的改建，如今的新宿站已成为日本第一大车站，同时也是世界上日均客流量最大的车站之一。以新宿车站为中心，周围地区也开始了大范围、大规模的兴建，高速铁路站的改建给该地区带来了兴旺的人气；商业建筑的大规模建设也使其迅速恢复了商业中心的地位；配套设施的同步建设，使得新宿不仅仅是人员流动量大的交通枢纽，还使之成为了充满经济社会文化活力的地段。

新宿案例完全可以运用在对老城复苏和新城崛起的规划实践中。对于经济发展愈发缓慢、城市中心失去活力的老城而言，可以通过规划高速铁路车站，在发展高速铁路的同时配套规划各种商业、娱乐以及文化设施，从而为城市注入新的活力。对于刚刚起步的新城来说，高速铁路的增设无疑是带动经济起步的一大动力源，由于新城处于发展的起步阶段，所以可以在引入高速铁路前发展一定规模的房地产，使新城具有一定规模，之后再引入高速铁路，可以提高资源的利用效率，增设高速铁路的同时也要兼顾配套设施的建设与开发，避免造成新城功能的单一化。

除上述经验外，从投资主体和财政分担上，日本政府确定了新干线的建设费用，公司、国家和地方共同分担为主，政府投入比例约为50%，根据新干线的公益性强度，中央政府和地方政府按80%、20%或对半的分担比例，通过选择“建运分离”和“网运分离”的运营组织模式，逐渐形成结构、经营关系清晰明确的体制机制，推动了高速铁路在本国的发展。

二、法国里尔高速铁路枢纽

（一）基本情况

20 世纪 80 年代以来，随着欧洲一体化进程的推进，打破了传统城市由国家行政划分等级的局面，国家疆域边界逐渐开始弱化。经济壁垒的消失给城市结构所带来的巨大冲击，在交通节点处体现得最为明显——这也是高速铁路车站地区综合开发的主要动力。法国的高速铁路建设，就是在欧洲一体化的进程中，对区域交通和城市发展进行统筹规划后的产物。里尔是借助高速铁路枢纽建设成功实现经济结构转型的典范。

里尔地区位于法国北部，属于北加莱海峡大区。里尔是里尔地区的首府，也是里尔市镇联合体（简称 CUDL）中人口最多的城市。从 20 世纪 60 年代末开始，整个北加莱海峡大区遭受到传统工业衰退的打击，煤炭、钢铁、机械制造和纺织等传统支柱产业不断萎缩。由于缺少发展新型工业，例如电子等高科技产业，里尔地区相对于法国其他地区处于发展劣势，高科技产业和相关服务业的岗位数量一直比较少。里尔作为法国北部最大的工业城市，受到经济危机的重创，逐渐由辉煌的工业中心变得萧条落后，经济萎靡不振，失业等社会问题凸显，正面临日趋衰败的命运，迫切需要经济结构的转型。里尔开始积极寻求经济转型、发展第三产业的机遇。

里尔的地理位置十分优越，它距离比利时边境仅 10 余千米，处于伦敦—巴黎—布鲁塞尔三角地的中心，这也是欧洲人口最稠密、经济最活跃的地区之一。通过里尔城市群的大力策划和筹备，两个大型交通工程应运而生——TGV 高速铁路北部网（巴黎—里尔—布鲁塞尔）的修建[①]和英吉利海峡海底隧道的开通——使里尔走出困境，踏上成功之路，也为里尔的振兴奠定了基础，里尔因此成为了联系法国至英国、比利时、荷兰等西欧多个国家的重要交通枢纽，带来了发展的

---

① 1976 年，法国第一条高铁 TGV 东南线正式动工，至 1983 年 9 月全线通车，该线路由巴黎至里昂，全长为 417 千米，其中新建高铁线路 389 千米；在 1989 年和 1990 年，法国又建成了巴黎至勒芒、巴黎至图尔的大西洋线；1993 年，北方线开通运营，该线路连接巴黎—伦敦—布鲁塞尔—阿姆斯特丹—科隆—法兰克福，涉及 5 个国家，同时也是法国第一条国际高铁线路。

先机。里尔伴随着交通枢纽的建设而再度繁荣起来，由传统工业城市变成一个以商务办公、金融为主的现代化都市，实现了成功的转型。里尔一跃成为欧洲可达性最好的城市之一，在欧洲的重要性日益提升，成为法国北部边境的门户，更成为欧洲“精神地图”的新节点。

探讨高速铁路对里尔城市发展的影响，必须关注由高速铁路车站的兴建而规划开发的项目“欧洲里尔”。“欧洲里尔”项目是里尔继 TGV 高速铁路北部网、英吉利海峡海底隧道之后的第三个重要的城市建设工程，其目标是将里尔建成欧洲中心城市之一，服务于整个加莱海峡大区的商务中心。“欧洲里尔”一期建成之后，各公司纷纷进驻“欧洲里尔”；“欧洲里尔”二期工程建设过程中，试图寻找项目与城市内、外部之间的关系，同时思考如何既保证高水准的建筑之一。为更好地满足环境和经济社会的综合需求，适合大众生活的尺度，“欧洲里尔”二期工程放弃了高层塔楼的建设，转向完善公共绿化空间和便捷的交通联系，包括：强化中心建设、放弃新建项目、完善公共空间、建立新旧城之间的联系等。“欧洲里尔”项目紧邻新旧火车站，通过交通集散广场、高架桥等与各个车站（火车站、公共汽车站、地铁站、地下停车场）及城市快速路在空间上保持着紧密的联系，极大地方便了人们的出行。把几乎所有的城市功能（包括商业、办公、居住、娱乐、休闲、交通等）都集中在一个巨大的建筑体及其周边单项建筑中，又通过一条顺应基地地形特征的南北向的大轴线将这些单项建筑有机地组合起来，市民、游人、购物者在这些不同类型建筑组成的流畅、便捷、舒适的公共空间中来来往往、穿梭不息。

“欧洲里尔”项目的建成，对当地失业情况的改善也作用明显。1996 年，“欧洲里尔”共有 2800 个就业岗位，其中 2000 个是新增加的。按照规划，全部项目共有 5000 个就业岗位。“欧洲里尔”项目的建成，对于里尔发展第三产业、增加城市活力及对周边地区的吸引力起到了极大的促进作用。“欧洲里尔”项目完成以来，商业活动十分繁荣。和里尔市中心的传统商业相比，“欧洲里尔”的商业开发侧重于特色精品店，使其更时尚且更国际化，从而与里尔市中心实现了错位发展，互为补充。“欧洲里尔”吸引了周边城市以及比利时等地的大量年轻消费者，同时，也为紧邻的里尔市中心带来了众多游客，使得保存完好的 19 世纪工业城市风貌得以充分展示。

（二）经验启示：借助高速铁路枢纽建设成功实现经济结构转型

法国里尔是高速铁路推动城市发展的典范和里程碑。里尔高速铁路的成功，主要归功于规划者能够将里尔所具有的经济社会、国家政策、区位地域优势等内外界因素进行有机整合、扬长避短，从而使里尔的城市发展在高速铁路的促进下获得了前所未有的成功。

由于高速铁路线路与新旧火车站、里尔及里尔市镇联合体、法国国内乃至欧洲均有着良好的衔接，因此，里尔成为了欧洲可达性最好的城市，区位条件大大提升，成为了法国北部边境的门户，进一步刺激了经济的复苏。里尔高速铁路的引入、高速铁路车站的兴建以及“欧洲里尔”的开发，这一系列城市建设活动给里尔城市带来了极大的积极影响，使里尔成为了由工业城市向工商服务业城市转型的典范，各类相关产业复苏，城市知名度大大提升。

市镇联合体这一独特的规划管理体系，也是里尔成为典范的原因之一。20世纪50年代，法国政府开始推广实施市镇联合体政策，该政策的主要内容是法国政府鼓励市镇之间相互协商，根据各个地区的差异，建立不同形式的市镇联合体。1968年，里尔市镇联合体成立，该联合体具有城市规划、技术管理、建设开发等综合职权，并组织编制多项规划纲要、建立规划区域。作为里尔市镇联合体的主席，皮埃尔·马龙意识到：里尔的发展必须要与周边市区同时进行，从而共同获得整个里尔大区的发展；若只顾自身发展，发展则不会持续长久，更不会使里尔形成良好的城市形象；只有与周边地区联手发展，里尔才能够得到足够的投资，吸引到足够的人流，从而升级成为欧洲乃至世界的一线城市。因此，1989年，里尔市镇联合体达成一致共识：里尔周边多个市镇政府共同支持里尔高速铁路项目以及配套公共服务设施的建设实施，明确里尔市镇联合体的多极化发展原则；并将里尔的地铁修建延伸到鲁贝和图尔宽，让里尔带动沿线城市更新，促进城市之间的共同发展。这项提议落实之后，为里尔高速铁路项目争取到了可观的资金，也使里尔市镇联合体得到整体发展。市镇联合体这种特殊的体系用实践证明，其可以使一个地区在自身发展建设的同时带动周边区域共同发展，最终达到双赢的效果。这种做法不会造成因一个地区单独寻求自身的发展建设，忽略对周边地区的发展，而导致周边地区因发展落后造成人口流失，资源无法得到和合理分配，最终拉大地区间发展差距的结果。

通过里尔案例可以看出，里尔之所以能够在高速铁路的带动下取得城市发展的成功并非自然而然产生的，而是内外各种条件因素相互作用下的成果：里尔是在一定的经济发展基础之下，对于自身的各种优势进行整合，而高速铁路的引入则给里尔的城市发展注入了一剂“催化剂”，帮助里尔实现经济结构的成功转型。里尔的成功也说明，高速铁路的引入加速了资源向里尔的流入，同时也扩大了资源流向的范围，为周边地区的发展也带来了有利的影响。然而，资源的流向是由不同城市自身所具备的经济潜力、发展实力等综合因素来决定的。高速铁路只是推动城市发展的“催化剂”，并非直接促进城市发展的原动力，只有在城市的经济基础等各项条件都万事俱备之后，才能借此东风，推进城市的进一步发展。

三、韩国 KTX 高速铁路

（一）基本情况

韩国是亚洲第二个修建高速铁路的国家。韩国修建高速铁路的动因主要有两个：一是国内严重的交通拥堵问题，二是迫于公路交通发展对铁路造成的压力。韩国 KTX 高速铁路是世界上第五条高速铁路，于 1992 年开工建设，2004 年正式投入运营，韩国将 KTX 高速铁路的建设誉为“提高国家竞争力和保持新繁荣的基石”。KTX 的开通对航空业和公路运输业均造成了巨大的冲击。2004 年开通后仅一年，首尔至釜山段高速铁路就取代飞机成为市场主导者，首尔至釜山之间铁路的市场份额由 2003 年的 38% 上升到 2005 年的 61%，相比之下，飞机的市场份额从 42. 2% 下降到 25%，首尔至大邱线航空客运量在此期间下降幅度高达 79%，这不仅缘于高速铁路在中长途时间上较之航空运输的节省，也缘于韩国高速铁路公司票价低于机票价格至少 30% 及票价听证的良好原则。同时，KTX 也超过了公路运输，同期相同线路乘坐小汽车和公共汽车的旅客比例从近 20% 下降至 14%。KTX 开通 14 天累计客运量达 100 万人，在 142 天达到 1000 万人，创下了当时的高速铁路客运世界纪录；开通三年后，2007 年 4 月累计客运量已达上

亿人，这意味着每个韩国人都至少乘坐过两次 KTX。

（二）经验启示：政府政策支持与企业灵活运营

从政府层面看，韩国 KTX 的顺利开通和运营，离不开韩国政府在 KTX 建设和运营过程给予的多方面政策支持。

首先，从法律层面设定韩国高速铁路多种融资途径。1991 年，韩国颁布了《韩国高速铁路建设公团法》，该法第 19 条规定了高速铁路建设公团筹措资金的方式，主要包括：政府或政府以外人员的捐款；发行高速铁路建设债券的资金；资产运营收益金；贷款（国外贷款和物资）；其他收入。公团在发行高速铁路建设债券筹措所需资金时，要得到交通部长的认可，并与相关中央行政机关进行协商。政府可以保证公团发行债券本利的偿还，并可以补助公团发行债券利息支付中所需费用的一部分。①

其次，高速铁路建设采取政府主导投资模式。由于高速铁路对国家经济发展的促进、民众出行便捷性的改善及区域经济的协调性均无法用经济数据进行简单衡量，因此，高速铁路这一带有社会公益基础设施性质的产业其初期高额的建设资金由政府主要承担是合乎情理的。韩国 KTX 采取了政府主导的投资模式。作为韩国历史上最大的投资项目，京釜高速铁路一期工程投资 12.738 万亿韩元（按 1998 年比价约合 92.3 亿美元）。在京釜线一期建设资金中，45% 由政府承担，55% 由韩国高速铁路建设公团（KHRC）承担，而政府财政补贴以 35% 的占比成为该工程资金的最大来源，在由 KHRC 承担的资金中，主要来自向国外借款（24%）、发行国内债券（29%）及私人投资（2%）三部分。

再次，政府对公共服务订单及低碳运输补贴力度大。韩国政府对 Korail 的补贴主要用于购买特殊指定资产，如用于运输工具采购补贴，抵消既得资产折旧，提升铁路技术及弥补政府采购或因政府价格控制产生的损失等。为弥补政府采购和因政府价格控制产生的损失，政府通常会通过提供公共服务订单（PSO）补贴进行弥补。自 2004 年高速铁路开通运营以来，政府每年都会向 Korail 提供大量

---

① 关于铁路建设的贷款问题，该法规定公团根据规定开展业务时，得到交通部长的认可后可进行贷款（包括国外贷款和物资）。交通部长准许贷款时，应事先与中央行政机关进行协商。

公共服务订单补贴，年补贴额均在 2500 亿韩元以上，而这部分也构成了 Korail 总收入的重要组成部分。公共服务订单补贴虽只是政府补贴中的一部分，但却是占比最大的一部分。在政府向 Korail 提供的所有补贴中，公共服务订单是占比最大的一项。2011 年，政府共向 Korail 补贴 6915 亿韩元，公共服务订单就占了 40.85%，然后是列车设备的改善及运输工具的改善，其他补贴主要包括车站换乘线路改善补贴、支持铁路运输方式补贴、列车舒适度提升补贴、列车工程师培训补贴、自主创新补贴、列车部件更换补贴等。除对列车运营、维护、技术开发甚至人员培训的补贴外，韩国政府还向 Korail 提供低碳铁路运营补贴，促进 Korail 积极开展环保的铁路运输，推出以铁路货运为导向的绿色环保运输方式，同时倡导韩国本土企业选择铁路进行货物运输。2010 年，Korail 向韩国国内使用铁路进行货物运输取代公路进行运输的企业提供补贴，补贴金额共计 25 亿韩元，而这项补贴中，政府提供了 17.5 亿韩元，Korail 只提供了 7.5 亿韩元。

最后，Korail 享受所得税、增值税等不同优惠政策。Korail 缴纳企业所得税需遵循韩国一般企业所得税法，根据自身收入情况向政府缴纳一定的所得税，包括 10% 的韩国住民税（按企业税附征）。当企业收入小于 1 亿韩元时，总体所得税税率为 14.3%，当收入超过 1 亿韩元时，对 1 亿韩元部分按 14.3% 缴纳，超过 1 亿韩元的部分按 27.5% 缴纳。由于 Korail 前身是韩国政府的一部分，因此其采购的产品不需缴纳增值税，也就不能获得韩国税务局相应的增值税返还。但经过了韩国铁路公司的改革后，Korail 虽然仍是国有企业，但实行市场化运营，相关法规经修改后开始对 Korail 进行增值税返还。2005 年和 2006 年 Korail 收到的增值税返还金额分别是 42.8 亿韩元和 629.24 亿韩元，该部分作为 Korail 额外收入计入总收入中。

从企业（Korail）灵活运营层面看：

首先，主要体现在吸引民间资本进行站区建设。为减轻政府财政负担，韩国高速铁路站的建设采取吸引民间资本的形式，力争将站区建设成集商场购物、休闲娱乐和车站候车于一体的现代交通枢纽。以首尔站为例，该站产权属多元投资体制，在车站建设初期，通过吸纳民间资本拓宽了融资渠道，加快了车站建设速度，其商业设施面积占到了总建筑面积的一半。民间资本在整个车站资产中所占比例较大，如在首尔站的车站资产中，民间资本占70%的股份，同时可获得30年的经营权，但是由于民间资本所占比例过高，车站在投入使用后造成主业经营场所受限，全站用于客运服务上的面积较少，但也为站区的商业繁荣创造了条件。

其次，制定灵活票价。Korail公司为实现公司利润最大化，引进收益管理系统制定普通铁路和高速铁路票价，遵循价格的可变性、可接受性和合理性原则。Korail公司通过采用收益管理系统，制定灵活的可变票价，针对不同出行群体和不同出行时间以及不同座席，推行不同的高速铁路票价，使高速铁路客流量最大化。例如，KTX列车席别分为一等座、标准座和自由座。一等座和标准座均对号入座，自由座不指定座位，视当时情况而定。在标准座和自由座中，儿童座价格在成人座价格基础上打五折，而在一等座中，则打六折。在韩国，4岁以下儿童乘车免票，4～12岁可购买儿童票，13岁及以上则需要购买成人票；而针对韩国老年人、残疾人及对国家有特殊贡献的人则享受有限次免票待遇。为提高上座率，KTX还在工作日推出首次乘坐KTX体验优惠计划，该项计划在2010年创造了10万人次的额外客流量及9亿韩元的收入。为吸引乘客，Korail还推出各种优惠折扣，如预定折扣（优惠3.5%～20%）；通勤票（优惠15%～30%）；10人以上团体折扣（优惠10%）。除了根据客户群不同实行不同的票价优惠外，Korail还推出了旅行套票，根据旅行天数不同，采取不同的票价。这样Korail就能保证对高速铁路票价有着不同承担能力的群体可以在自己能承受的价格范围内购买高速铁路服务，大大提高了高速铁路服务的覆盖面，同时还可通过提高高速铁路上座率增加客运收入。在票价制定过程中，Korail会进行消费者调查研究，听取公众对高速铁路价格的意见，每年年底Korail还会对消费者针对公司过去一年运营情况进行满意度调查，保证高速铁路票价的可接受性和合理性。韩国高速铁路价格遵循递远递减原则，为与航空业竞争，Korail坚持将高速铁路票价维持在低于机票价格至少30%的水平，KTX为与航空客运竞争，在保证收回成本实现盈利的基础上，大幅度压低票价。在首尔至大邱段，KTX经济舱票价仅为飞机票价的56%，即便在属于长途客运线的首尔至釜山段，原本乘坐飞机出行在时间上是有优势的，但KTX票价却降至只有机票的64%，而KTX的旅行时间与飞机只差了一个多小时，这无疑对航空运输造成了极大压力。

最后，自筹资金进行土地开发利用。韩国铁路车站、车站周边区域及铁路沿线区域开发由 Korail 负责，Korail 可以对它们进行商业利用，如开发房地产、提供商业服务、休闲娱乐及旅游服务等，这些副业收入在 Korail 总体收入中占重要地位。Korail 制订的车站周边区域开发项目计划，重点就是在车站及周边区域进行土地开发，发展餐饮业，提供文化服务，构建大型购物中心、写字楼等。但是 Korail 无论在铁路建设用地，还是站区开发用地上，均无相关政府补贴项目，土地投资均出自 Korail 自筹资金，政府补贴项目主要集中在了技术投资、固定资产购置及公共服务订单等方面，这也使得 Korail 在进行站区开发时多采取紧凑、高强度的商业开发模式。所有的 KTX 车站都以多元化利用原则设计，由 2～8 层的建筑物构成，地上和地下均设有不同的楼层，充分利用地下空间，形成一体化、复合式的地下空间网络。

四、西班牙马德里—塞维利亚高速铁路

（一）基本情况

西班牙高速铁路（西班牙语：Alta Velocidad Española，AVE，此外 ave 在西班牙语中还有小鸟的含义），是由西班牙国家铁路 Renfe（拉芬）营运，线路和车站则由铁路基础设施管理局负责，速度可达每小时 300 千米，使用专用轨道。事实上，西班牙高速铁路并不全是 AVE 品牌，还有 Avant、Alvia 两个品牌。AVE 是其中最高等级的长距离高速列车。与西班牙其他铁路系统采用宽轨不同，西班牙高速铁路使用标准轨，未来可以与其他地区的铁路相连接。

20 世纪 80 年代末，西班牙政府构思新建一条铁路线，以将西班牙中部（卡斯蒂亚）与南部（安达鲁西亚）相连接，同时绕过国家公园。考虑多个方案后，西班牙政府决定修建首条高速铁路，以促进南部停滞不前的经济得以发展。新线于 1992 年 4 月 16 日启用，同日正值塞维利亚世界博览会开幕之日。马德里—塞维利亚高速铁路始于马德里阿托查车站，经过 31 座桥梁（总长 9845 米），17 条隧道（总长 16.03 千米），最后抵达塞维利亚圣胡斯塔车站。正式投入服务，每日有 6 班班次来往马德里（Madrid）、雷阿尔城（Ciudad Real）、普埃托利亚诺

（Puertollano）、科尔多瓦（Córdoba）及塞维利亚（Sevilla）。1992 年 10 月开始，来往马德里、雷阿尔城、普埃托利亚诺的短程班次（称为 AVE Lanzadera，后来改称 Avant）投入服务。为了最大限度地提高服务质量，吸引客流，马德里至塞维利亚线自 1994 年 9 月 1 日起，实行延误补偿承诺——若因公司原因造成 AVE 高速列车延误超过 5 分钟，将退回全部车费，但迄今只有 0.16% 的班次未达到标准。1992 年，随着马德里—塞维利亚线的开通运营，标志着西班牙高速铁路运营的开始。1992 年高速铁路运营当年其客运量就已达 4.92 亿人次①。在这条通道内，马德里至塞维利亚高速铁路开通后，在各种交通运输市场的份额中，高速铁路占比达到 52%，1994 ~ 1997 年高速铁路的运输量增长了 22.6%，而同期其他交通运输方式的增长率仅为 10.7%。在高速铁路正式运营 5 年后，马德里—塞维利亚高速铁路开始盈利，获得了很好的经济与社会效益②。在第一条高速铁路干线运营成功以后，西班牙继续加快高速列车的发展，制定了新的路网规划。截至目前，已经开通和正在修建的新干线有：马德里—巴塞罗那—法国西南部、萨拉戈萨—毕尔巴鄂、洛格罗尼奥—法国西南部、马德里—葡萄牙首都里斯本。正在改造的旧线有马德里—巴伦西亚、马德里—莱昂、瓦利阿多里德—洛格罗尼奥、塞维利亚—韦尔发、塞维利亚—加的斯等。经过新建和改建以后，西班牙铁路形成一个现代化的高速路网，跻身于世界铁路的先进行列。

马德里—塞维利亚线路在开通之后也进行了多次延展。1993 年 1 月，在使用马德里至科尔多瓦高速标准轨道的基础上，来往马德里至马拉加的 Talgo200 服务启用，驶入传统西班牙宽轨至马拉加。1994 年，西班牙高速铁路开始以时速 300 千米运行，令全程时间减少 40 分钟，全段 471 千米只需 2.5 小时就可以完成。2007 年 12 月 24 日，来往马德里至马拉加的高速铁路最后一段完成并投入服务。自 2004 年 12 月开始，来往塞维利亚及科尔多瓦的全新中距离高速火车服务（当时称为 AV Media Distancia，中途高速，后改为 Avant）投入运作，将来往两地时

① 谭克虎，张超．西班牙政府对高速铁路支持政策研究［J］．综合运输，2013（12）：73 – 79.

② 骆玲，曹洪．高速铁路的区域经济效应研究［M］．成都：西南交通大学出版社，2010.

间缩短至 40 分钟。2005 年 11 月，西班牙国家铁路通过建造一条 21 千米的支线，接驳托莱多，新设来往马德里及托莱多的中途高速服务，来往两地只需 30 分钟。

（二）经验启示：促进要素流动，但对区域平衡的拉动任重道远

自 1992 年开通第一条高速铁路线路开始，西班牙在发展高速铁路上一直不遗余力。即便是在遭受欧债危机困扰的今天，西班牙高速铁路建设与其他国家的赛跑也未减速。数据显示，截至 2010 年底，西班牙政府在高速铁路投资超过 187 亿欧元，预计未来还将投资 430 亿欧元。2013 年 1 月 8 日，西班牙开通了巴塞罗那到法国西部边境费格拉斯的高速铁路，西、法两国高速铁路正式汇合。2013 年内，马德里至巴黎间的直达高速铁路也将建成。西班牙的高速铁路，改变了这个国家的交通格局。

1980 年，西班牙政府确定修建 Alta Velocidad Espanola（AVE）高速铁路工程，连通首都马德里与南部城市塞维利亚。政府决定修建的目的很明确，即推动南部停滞不前的经济。西班牙政府希望经济发展不再集中在过热的首都，财富和就业机会可以逐渐向南部扩散。1992 年 4 月，塞维利亚举办世博会之时，这条高速铁路线路也正式开通。现在，从西班牙首都马德里到塞维利亚的路程是 2 小时 15 分钟，而高速铁路开通前乘火车要花 7 小时，汽车有时要花 10 小时。著名的高速铁路线路则连接了西班牙两个重要城市，即首都马德里和加泰罗尼亚地区首府巴塞罗那。以往，巴塞罗那与马德里之间的距离是 520 千米，开车需要 6 个小时。自从 2008 年 AVE 开通以来，这段旅程被缩短到 2 小时 38 分钟。

高速铁路的建成改变了西班牙人的出行方式。目前，高速铁路的旅客人数已经超过了汽车旅客人数，这种改变为西班牙带来了政治与环境两方面的好处。与其他欧盟国家一样，西班牙计划在未来 10 年内将碳排放量削减 20%。分析家表示，每个高速铁路乘客的碳排放量仅相当于飞机或汽车乘客的 1/4。对于乘客们来说，选择高速铁路，更重要的是因为其舒适度。巴塞罗那 ESADE 商学院的市场营销学教授约瑟普·瓦尔斯认为，西班牙的高速铁路列车非常注重优质的服务，车内配备有躺椅、电脑接口和耳机，提供可口的食物并可以观看电影，甚至连服务人员都戴着白手套。西班牙高速铁路运营商已经开始颠覆人们对火车和飞机旅行的传统观念。

高速铁路的建成，对于不得不往返于两地的人们来说，无疑是个巨大的福利，大大降低了出行的时间成本，促进了人口流动的频率与规模，也在一定程度上推动了企业的迁徙。1992 年，就在西班牙第一条高速铁路开通之时，高科技公司 Alter Tuv Nord 从首都马德里迁移至高速铁路线另一端的塞维利亚，虽然企业迁址的原因是复杂的，但高速铁路线路的开通与运营仍是其重要因素之一。但也应看到马德里—塞维利亚高速铁路的开通运营，并未直接改变南部地区经济相对落后的状态，区域不平衡差距拉大的趋势并未得到明显扭转。

五、德国 ICE 高速铁路

（一）基本情况

德国高速铁路被称为“城际高速铁路”或“城际特别快车”（Inter City Express，ICE）。在实施城市高速列车计划之前，德国的高速铁路落后于欧洲其他主要国家。其主要原因是德国客运量集中的地区其高速铁路网络已经相当发达、完善，修建高速铁路的迫切性与必要性一直备受争议。自 20 世纪 70 年代法国开始发展高速铁路起，德国就为此争论了十几年。但德国发展高速铁路的条件并不亚于法国，1988 年德国电力牵引的行车试验速度突破每小时 400 千米大关，达到 406.9 千米。目前，德国国内的高速铁路线路主要有：曼海姆—斯图加特高速铁路新线与改造既有线相连接形成的汉堡—法兰克福—慕尼黑高速铁路（1991 年 6 月投入运营）、汉诺威—维尔茨堡高速铁路新线与改造既有线相连接形成的汉堡—汉诺威—维尔茨—慕尼黑高速铁路（1992 年 6 月投入运营）、汉诺威—柏林的高速铁路（1998 年 9 月投入运营）、科隆—法兰克福（2002 年投入运营）、纽伦堡—因戈尔斯塔特高速铁路线（2006 年投入运营）、汉堡—柏林高速铁路（2007 年投入运营）。此外，德国还开通了连接荷兰的阿姆斯特丹、丹麦的哥本哈根、瑞士的苏黎世、比利时的布鲁塞尔、奥地利的萨尔茨堡及维也纳、法国巴黎等国际高速铁路线路。ICE 成为德国铁路的重要标志，德国城际高速铁路列车计划的实施也使得德国高速铁路在较短的时间内成为欧洲高速铁路网的重要组成部分。

德国高速铁路的最大特色是高速路段与普通路段联网混行。德国高速铁路建设规划分为三种：一是新建的客运专线和高标准客货共线，客专设计时速仅为

280 千米（其中仅有科隆至法兰克福约 150 千米的高速铁路线的设计时速为 300 千米的高标准），客货共线设计时速为 200 ~250 千米；二是原有铁路干线提速改造为设计时速 200 千米的国家快速干道；三是原有城际线提速改造为设计时速 160 千米的城际快线。按照德国的标准，其已建成投入运营能开行高速动车组、设计时速达 160 千米及以上的“高速铁路”超 8000 千米，其中新建线仅 1400 多千米（其中，新建客专 800 多千米，新建高标准客货共线铁路 500 多千米），其余全是改造提速线（其中，改造设计时速达 200 千米的既有干线上千千米，其他大部分改造提速至 160 千米的城际快线），所有改造提速的“高速铁路”均为客货共线。从而大大降低了建设投入、提高了线路能力利用率。此外，德国还积极开发供不同层级铁路使用的专用列车，以有效降低营运成本。德国高速动车已开发了 ICE1—3 型共三代，设计最快营运时速已由第一代、第二代的 280 千米，提升至第三代的 320 千米。但由于营运成本较高，德国国内的配备较少，仅有 500 多辆。与此同时，大力开发中低速电力动车、中低速柴油动车、摆式高速列车、快速城际专用列车等营运成本更低的动车。目前，德国全国这类低成本营运的动车组有 16000 多辆，占到了客运列车总量的绝大部分。在一系列的举措之下，德国铁路迎来了经营业绩的连年逐步上升，营运盈利大好的局面。2012 年，德国更是创下历史新高，客运量增长 5%，其中 90% 以上为短程市郊及城际客流，盈利增加 4 亿欧元，达 27 亿欧元。

（二）经验启示：推动区域经济绿色发展

德国高速铁路将德国国内 130 多个大小城市连为一体，在推动人员往来、信息交流以及经济建设等的同时，还产生了十分显著的环境效益。尤其是在高速公路和机场均十分发达的情况下，德国仍花大量资金大力兴建高速铁路的重要原因之一即是节能、环保。根据德国联邦铁路公司计算，德国第三代高速机车在载客率为 50% 的情况下，每人每百千米消耗的能源不到 2 千克。也就是说，它比汽车和飞机更节能。以汉堡到柏林为例，乘火车需要 1.5 小时，比汽车快 1 倍。火车在半满员的情况下，每位乘客整个旅程消耗的能源平均不到 8 公升汽油。而汽车平均需要 27 公升以上。此外，火车节能的潜力很大。一是通过对火车司机的特殊训练，2001 ~2004 年，德国联邦铁路公司节省的能耗相当于 3200 万欧元。二

是现在运营的城际特快电力机车，从汉堡前往慕尼黑，每趟列车一次节省的耗电量比普通列车减少 4000 千瓦小时。这相当于一个普通四口之家一年的用电量。换言之，等于减少二氧化碳排放量 2.5 吨。三是刹车可以产生电力，并把电力直接返还给铁路电网。德国高速铁路每年由此产生的电力约为 300 千兆瓦小时，这等于 130 个现代化的风力发电装置一年的发电量①。而且，汽车和飞机消耗的汽油或柴油属于矿物质能源，目前主要依靠提炼石油来提供。而城际高速列车消耗的是电力。电可以通过对煤、风力、太阳能和其他生物质的加工而得到转换，这比消耗石油更环保、更经济，也更安全。

第二节　国内典型线路

一、京津城际铁路

（一）基本情况

在经济全球化的大背景下，区域经济一体化成为提高区域整体竞争力的一种必然选择。京津冀位于环渤海地区的中心位置，包括北京、天津两个直辖市和河北省全域，是国家层面的优化开发区域。在《全国主体功能区规划》中，京津冀地区的功能定位是：我国“三北”地区的重要枢纽和出海通道，全国科技创新与技术研发基地，全国现代服务业、先进制造业、高新技术产业和战略性新兴产业基地，我国北方的经济中心。在国家区域经济发展总体战略中，作为我国三大城市群地区之一，京津冀的发展对北方以及全国经济的发展具有重要引领和带动作用。从历史上看，京津冀地区在经济和社会发展中始终有着很高的依存度和关联度。随着区域经济一体化的推进，京津冀地区主要城市间经济联系在不断增强，产业专业化分工程度也有所提高，区域内交通基础设施不断完善。但是，京

① 骆玲，曹洪．高速铁路的区域经济效应研究［M］．成都：西南交通大学出版社，2010.

津冀区域经济一体化也受到资源要素分布不均衡、城镇体系断层、产业同构现象严重、资源环境约束日益增强等种种问题的制约。

京津城际铁路是我国第一条自主设计的高速铁路，连接北京、天津两大直辖市，是北京、天津两大站点之间的快速客运系统，是京津一体化规划中解决交通问题的重要措施和手段。2005 年 7 月 4 日，京津城际铁路正式动工。整个京津城际轨道交通系统建设工程采用“两点一线”建设策略，即：分为京津城际铁路、北京南站、天津站交通枢纽改造工程三大部分同步进行；2008 年 3 月，京津城际铁路建设进入系统联调联试阶段，包括动车组型式试验、集成试验、综合试验和试运行四大部分；2008 年 5 月 13 日，一列由北京南站开往天津站的 CRH2C 型电力动车组（CRH2—061C）在试验时以时速 372 千米的速度创造了当时中国国内轮轨列车的最快速度；2008 年 6 月 24 日，一列 CRH3C 型电力动车组（CRH3—001C）在京津城际铁路上试验时达到了时速 394.3 千米，打破了此前由 CRH2C 动车组创造的纪录，并刷新了中国目前轮轨列车的最高速度。京津城际铁路于 2008 年 8 月 1 日正式通车运营；2015 年 9 月 20 日，京津城际延伸至于家堡的高速铁路正式开通。京津城际铁路由北京南站东端引出，沿线设北京南、亦庄、永乐、武清、天津 5 个车站，全长 115 千米，全线单程运行时间在 30 分钟以内，其“大运量、高密度、公交化”的运输组织模式，大大缩短了京津两地之间的时空距离。作为北京奥运会的配套工程，京津城际铁路以服务北京奥运会为契机，为其提供一流的运输服务，充分满足了广大运动员、观众和旅游者在京津之间的旅行需求。

2008 年 8 月 1 日 ~2018 年 8 月 1 日，京津城际铁路开通运营 10 年间，京津城际列车开行对数不断增加，从最初的 47 对列车增加至现在的 108.5 对，增幅高达 126.6%，成为来往京津两地旅客的首选。旅客发送量逐年递增：2009 年发送旅客 1456 万人次；2012 年发送旅客 2278 万人次；2018 年上半年，发送旅客 1486.2 万人次，日均运送旅客 8.2 万人次，远超 2008 年日均运送旅客 4.9 万人次。沿途的经停车站——武清站，日均发送旅客由 2008 年的 366 人次增加至目前的日均 1 万余人次，单日最高发送量为 1.6 万人次。自京津城际开通 10 年来，先后有 65 个国家 300 余名政要，各类国际组织 200 余批次、5000 多人考察体验

京津城际铁路。[①] 2018 年 8 月 1 日，京津城际铁路全部更换为复兴号中国标准动车组，给旅客带来了更美好的出行体验。京津城际铁路以“大运量、高密度、公交化”的运输组织模式，为广大民众提供了快捷、安全、方便、舒适的旅客运输服务，30 多分钟的列车运行时间拉近了两地的时空距离，深刻改变了两地人民的工作和生活观念，北京工作、天津居住的“双城”生活成为很多青年人的首选。京津城际铁路的建成并投入运营使得北京和天津两座体量巨大又各具特点的特大城市再一次被快速而便捷的交通方式连接在一起。这一连接起到的作用不是一条通道、一种方式能够比拟的，它深刻地影响着两地人的交通、生活，甚至是思考方式；被它所影响的经济、产业、环境、城市可持续发展都在发生巨大的改变。通过京津城际铁路通道的建设，京津密集的人才、信息、技术资源和城市功能可以更加便捷地向包括滨海新区在内的环渤海区域扩散疏解，进一步释放中心城市优势资源的辐射效应，带动周边地区共同发展。京津两市合作的加深，有助于实现其各自的功能定位——北京更好地发挥总部资源丰富、服务业发达、高端产业密集的优势，天津更好地发挥制造业基础雄厚、港口资源突出、物流等服务业发达的优势，通过优势互补、“双龙共舞”，共同推动环渤海区域的繁荣与发展。京津城际铁路所带来的变化不仅再一次促使着北京和天津以及河北的深度融合、协调与可持续发展，也对我国长三角城市群、珠三角城市群、成渝城市群等区域的城际铁路建设、发展和运营具有重要的借鉴意义。

（二）经验启示：推动区域融合、良性互动发展

公交化城际与跨线列车混合运行是京津城际铁路采用的运输组织模式，实行了设计初的公交化模式，旅客的平均等候时间大为缩短，促进了客流量的大幅增长。与此同时，为了实现服务的高效化，京津城际铁路通过采用领先的客运服务信息系统，借鉴国内外高速铁路、民航的信息系统建设经验，优化站场资源配置，在购票、候车、检票、进站、登乘、中转与出站等旅行流程角度考虑，优化布局配置终端设备，为城际旅客提供全方位的实时乘车信息服务，初步实现了城

---

① 京津城际十周年 全部换上复兴号［N］. 人民日报（海外版），2018 年 8 月 2 日，http：//paper. people. com. cn/rmrbhwb/html/2018 -08/02/content_ 1872027. htm.

际铁路出行的智能化，为我国客运专线建设起到了典型示范作用。

京津城际高速铁路的旅客发送量由2008年的1263万人次逐年增加至2016年的2930万人次，京津城际高速铁路开通至2018年8月累计发送旅客已超过2.5亿人次，相当于将北京、天津的3600万常住人口运送了3个来回，也相当于每天减少逾1.7万辆汽车在京津间穿行，减少二氧化碳排放168.5万吨①。2007年京津两地直达动车组数量为13对；京津城际高速铁路开通至2017年，京津城际两地始发终到车次为55对，其中城际动车组有53对，而目前，正常工作日京津城际高速铁路通常开行70对，周六周日加开5对，节假日加开15对，客流高峰期则加开30对，京津城际高速铁路加大发车密度，能够极大地满足旅客出行的需求。全程直达运行时间35分钟左右，最小发车间隔约3分钟，增大了发车密度，提高了运输能力②。京津城际铁路的开通运营，大大提高了旅客运输的效率，增加了发车密度，减少了旅客在站停留时间，激发了既有线上的较大客流量转移到京津城际铁路上来，使原本旅客运输占据的那部分运能释放出来以用来发展货物运输，从而使货物运输通道更高效、更安全畅通，由此进一步提高了旅客运输的服务水平与货物运输的效率。更为重要的是，京津城际铁路的开通大大提升了北京与天津的交通可达性。根据肖芳芳（2018）的测算，京津城际高速铁路的开通使得北京可达性提升了22.42%，旅客加权平均旅行时间减少了约23分钟；天津的可达性变化率提升了25.05%，旅客加权平均旅行时间缩短了约45分钟，两地之间经济互动频繁，区域经济增长稳步提升，产业结构与产业集聚指数有所提升，在一定程度上促进了北京和天津地区的经济发展。

二、京沪高速铁路

（一）基本情况

京沪铁路通道纵贯北京、天津、上海三大直辖市和冀鲁皖苏四省，连接环渤

---

① 陆娅楠．京津城际开启高铁时代［N］．人民网，http：//society.people.com.cn/n1/2018/1202/c1008－30436908.html，2018年12月2日．

② 肖芳芳．高速铁路对区域经济发展的影响研究——以京津城际为例［D］．北京交通大学硕士学位论文，2018.

海和长江三角洲两大经济区。沿线地区经过百年发展，聚集了极大的人流物流，是中国经济发展最活跃和最具潜力的地区，也是中国客货运输最繁忙、增长潜力巨大的交通走廊。改革开放后，随着经济快速发展，既有京沪线的运输任务逐渐加重，是名副其实的全国最重要、最繁忙的干线。截至 2007 年，随着中国经济的急速发展，铁路运输情况变得更为严峻。既有京沪线平均客运密度上升至每千米 4782 万人、货运密度达到每千米 6277 万吨，分别为全国铁路平均密度的 5.2 倍和 2.1 倍，利用率已处于极度饱和状态，运输压力前所未有，新建一条铁路迫在眉睫。经过多年论证，2006 年 1 月 7 日，在由时任国务院总理温家宝主持的国务院常务会议上，通过了《中长期铁路网规划》，同时批准了京沪高速铁路采用轮轨技术的方案。京沪高速铁路 2008 年 4 月 18 日全线开工建设，2011 年 6 月 30 日正式开通运营，初期运营时速 300 千米，2013 年 2 月 25 日通过国家验收，2014 年即实现盈利。京沪高速铁路的开通运营，在我国环渤海经济圈与长三角经济圈之间架起了一条客流、物流、信息流和资金流的快速通道，串起了京沪"经济走廊"，极大促进了区域经济社会发展和民生改善。2016 年 1 月 8 日，京沪高速铁路工程项目被授予 2015 年度国家科学技术进步奖特等奖，主要有五大创新成果：一是创新了复杂工程环境下高速铁路工程建造技术；二是研制了 CRH380 系列高速动车组；三是构建了时速 350 千米的 CTCS—3 级列车运行控制系统；四是构建了高速铁路运行检测验证成套技术；五是创新了我国高速铁路技术发展和建设管理模式，构建了我国高速铁路技术体系，打造了技术先进、安全可靠、性价比高的中国高速铁路品牌。

京沪高速铁路是我国以"四纵四横"为主骨架的快速铁路网的重要组成部分，起自北京南站，终到上海虹桥站，横跨北京、天津、河北、山东、安徽、江苏、上海 7 省市，连接"环渤海"和"长三角"两大经济区，线路全长 1318 千米，共设车站 24 个，设计时速 350 千米，初期运营最高时速 300 千米，是世界上一次建成线路里程最长、技术标准最高的高速铁路。京沪高速铁路所经省市（京、津、冀、鲁、皖、苏、沪）面积占全国国土面积的 6.5%，人口占全国的 26.7%，是中国经济发展活跃的地区之一。京沪高速铁路的开通运营在环渤海经济圈与长三角经济圈间架起了一条人流、信息流的快速通道，极大地增强了两大经济圈城市间及周边区域的交流与合作。京沪高速铁路提供的快捷、安全、方便、舒适的旅客运输服务，节约了旅行时间，产生了巨大的时间价值，大幅改善了我国东部地区投资环境，加快了沿线区域城镇化进程，有效提升了沿线居民生活水平和质量，促进了沿线城市及辐射区域思想文化交流和生活观念转变。从京沪高速铁路开通之日起到当年的12月31日，京沪高速铁路全线运送旅客2445.2万人次，日均13.4万人次；2012年全线运送旅客6506.9万人次，日均17.8万人次，同比增长32.8%；2013年全线运送旅客8389.8万人次，日均23万人次，同比增长32.6%；2014年全线运送旅客10588.2万人次，日均29万人次，同比增长26.1%；2015年日均运送旅客达到了34.7万人次。按2013年的运量估算，京沪高速铁路以全路1.3%的里程，承担了全路3.4%的客运发送量和4.3%的客运周转量，其开通为既有京沪线释放出了约43对货物列车的运输能力，有效缓解了京沪铁路通道运输、运量紧张的矛盾。2016年“5·15”全国铁路运行图调整后，京沪高速铁路新增开早晚动车组列车20对，每日开行列车182对，受到了旅客的欢迎。京沪高速铁路沿线同城效应十分明显，高速铁路列车早已成为人们出行的“城市公交”。与此同时，京沪高速铁路在中国高速铁路网中开始发挥骨干作用，2016年全线日均开行列车由最初的143列增加到目前的290列。截至2017年6月29日，京沪高速铁路已运营了6个年头，6年来累计安全运送旅客突破6.3亿人次，开行高速铁路动车组列车58万余列，累计行程超过76955万千米（接近7.7亿千米）。京沪高速铁路作为国家战略性重大交通工程和重大创新工程，带来了显著的经济效益和社会效益，“成绩单”令人瞩目[①]。

（二）经验启示：高速铁路的经济扩散效应与经济集聚效应并存

京沪高速铁路在500~1200千米中等距离范围内，乘坐优势明显，更能节约人们的旅行时间，带来巨大的时间价值。从其区域经济增长效应看，现有研究已经进行了诸多探索。整体来看，虽然京沪高速铁路的区域经济增长效应在具体表现上存在一定的滞后性，但随着京沪高速铁路的开通与持续运营，其对沿线城市的正向影响不断凸显。从现有研究来看，京沪高速铁路的开通运营显著提高了沿

① 王赤风，许文峰．京沪高铁运营六年“成绩单”令人瞩目［N］．人民铁道报，2017年7月24日．

线城市，尤其是站点城市的可达性效率，增强了高速铁路沿线的“廊道效应”①（戴学珍等，2016）。而且，相对经济发展水平较低的城市，京沪高速铁路的开通运营对经济发达城市的促进作用更为明显。这也说明，随着京沪高速铁路的开通运营，经济扩散和经济集聚是同时并存和发展的。在此期间，人口集聚是促进京沪高速铁路经济带发展最重要的因素，其余依次是投资和出口②（俞路、赵佳敏，2019）。同时，这些高速铁路城市的经济增长也带动了其他相邻城市的经济发展，并产生了较为显著的地区间溢出效应。但也应看到，高速铁路的开通增大了站点城市和非站点城市之间以及非站点城市内部的差异，在一定程度上加剧了区域发展的不均衡性。

三、香港轨道交通系统（MTR）

（一）基本情况

香港地铁（Mass Transit Railway，MTR）是香港最大的铁路运输系统，由香港铁路有限公司营运。香港地铁被公认为全球首屈一指的铁路系统，以其安全、可靠程度、卓越的顾客服务及高效率见称，是香港最大的铁路运输系统。香港地铁泛指能够通过一张香港地铁单程票通行的 10 条路线，广义上包括一条连接香港国际机场及香港市区的机场快线、拥有 12 条路线的轻铁系统及昂坪 360 缆车系统，组织成为贯通香港岛、九龙及新界、市区及多座新市镇，总计 84 座铁路站及 68 座轻铁站、合计长达 218. 2 千米的铁路网。与此同时，整个系统亦包括接驳巴士及城际客运服务。

香港轨道交通发展历史可追溯至 1910 年通车的九广铁路，该铁路起于香港九龙，终点广州。1997 年前，九龙—罗湖段称为九广铁路（英段），现为香港通勤铁路东铁线。香港城区轨道交通线路从 1967 年开始规划设计，1979 年建成首条地铁线路观塘线。截至 2015 年 12 月，香港轨道交通共建成市域铁路、地铁、

① 戴学珍，徐敏，李杰．京沪高速铁路对沿线城市效率和空间公平的影响［J］．经济地理，2016（3）：72 –77，108.

② 俞路，赵佳敏．京沪高铁对沿线城市地区间溢出效应的影响［J］．世界地理研究，2019（1）：47 –57.

机场快线、轻型铁路系统（以下简称“轻铁”）4 种制式，总计 262.85 千米、181 个车站，覆盖香港岛、九龙、新界。香港市域铁路采用大铁路制式，站间距较长，发车频率较低，包括东铁线、西铁线、东涌线和马鞍山线，其中：东铁线连接九龙红磡站至北区罗湖站（落马洲站），全长 41.5 千米；西铁线连通新界西及九龙西，服务香港西北新城与中心区的联系，起于东铁线交汇的红磡站至新界西的元朗和屯门，全长 35.7 千米；东涌线连接新界离岛区大屿山东涌站与香港岛中西区中环的香港站，是东南新城与中心区之间的主干线，全长 31.1 千米；马鞍山线连接新界沙田区的大围站和乌溪沙站，主要服务沙田城门河东和马鞍山，其中大围站是与东铁线交汇的换乘站，与东铁线共同构成了香港大都市区东北新城与中心区之间的交通动脉。4 条市域铁路高效地解决了香港中心区与外围沙田、大浦、北区、荃湾、元朗、屯门、东涌等新城间的出行问题。香港地铁共有观塘线、荃湾线、港岛线、迪士尼线、将军澳线、南港岛线 6 条线路，总计里程 71.7 千米。香港机场快线与东涌线平行，采用独立制式，以保证运行速度和客流服务能力，连接机场与中环，全长 35.3 千米，共设 5 个车站，票价较市域铁路和地铁高。香港轻铁为不封闭轨道交通系统，在新界西北的屯门区及元朗区之间行驶，轻铁系统支路较多，并不是单纯的直线；轻铁班次类似于公共汽车系统，具有多组路线，方便乘客出行。香港多种制式的轨道交通系统分工合作，实现城市交通的方便、快捷和高效运营。随着香港轨道交通线路里程增加及服务能力提升，其客运量和在公共交通中的分担率持续增加。客运量由 2005 年的 13.94 亿人次增加至 2015 年的 18.88 亿人次，在公共交通中的分担率由 34.23% 增加至 41.04%（陈坚等，2018）①。

（二）经验启示：制度保障下的多维产业开发，推进民生与效益相统一

从交通组织管理结构上看，香港已经形成了比较清晰合理的分工模式：环境运输及工务局代表政府行使决策权力；路政署、运输署、规划署等政府职能部门研究并制定发展计划和策略，包括制定铁路网络规划、拟定新的铁路项目、协调

① 陈坚，潘国庆，李和平，王超深．香港轨道交通与新城协调发展历程与启示［J］．城市交通，2018（4）：43－50.

铁路项目的建设；铁路服务经营机构包括香港地铁公司和九广铁路公司，负责投资建设及运营管理等具体事务，包括项目的融资、详细规划、设计及建设、物业开发、铁路的运作、管理及维修保养。香港特区政府对九广铁路公司和香港地铁公司拥有主要股权，其中，九广铁路公司为特区政府全资拥有，而香港地铁公司在2000年成为上市公司。两家公司的经营管理有高度的自主权，完全遵循商业原则经营，除轨道交通由自己独家经营与管理外，其他事务均采用外包、合作等较灵活的办法进行经营与管理（欧阳南江等，2017）[①]。

香港的运输策略为轨道交通的发展提供了法律依据和基础条件，是香港运输系统成为世界上最高效率的运输系统之一的基石。香港运输策略明确提出交通发展的目标为：①更妥善融合运输与城市规划；②更加充分运用铁路；③更完善的公共交通服务和设施；④更为广泛运用新科技；⑤更为环保的运输措施。在轨道交通方面，首先根据香港人口多、建成区面积小、高密度集约化土地利用的特点，香港客运运输策略坚持"地铁+步行"的出行方式，优先发展铁路项目，以铁路作为综合客运交通体系中的骨干。同时，强调其他交通方式与铁路的配合，形成综合客运交通体系。在铁路不能直达的区域由专营巴士发挥主导作用，依靠专线小巴、的士、电车及渡轮等交通方式发挥辅助作用；其次，铁路公司以商业原则经营业务。最后，香港的运输策略中对轨道交通建设速度与建设规模问题非常严谨，从而形成了更为合理的轨道交通布局。

香港运输策略明确要形成以轨道交通为骨干的交通运输体系，强调将轨道交通与其他客运交通方式合理接驳及方便乘客乘坐轨道。

首先，在政策上保证各种客运交通方式的和谐健康发展。1996年制定的《全港发展策略》中明确了以下交通政策：①鼓励健康竞争，平衡各方利益；②协调路面公交路线，减少服务重叠，配合以轨道交通为骨干的政策；③鼓励增设转乘优惠计划；④交通网络多元化，方便市民按其快捷、舒适及方便程度做出选择。

---

① 欧阳南江，陈中平，杨景胜．香港轨道交通的经验及其启示［J］．城市与区域规划研究，2017（2）：79-88.

其次，在铁路车站设计时，充分考虑了铁路与其他交通方式的接驳。①铁路与铁路的接驳。根据用地及铁路走向采取同站台换乘、平行换乘以及立体换乘等不同方式的接驳；②铁路与其他交通方式的接驳，大部分铁路车站在设计时，预留了巴士、的士等其他客运交通方式的停车及车站用地，做到了一体化设计，方便乘客在舒适的环境中轻松完成换乘，同时对换乘乘客实行票价优惠。通过实施以上各种措施，以轨道交通为骨干的香港客运交通系统吸引了绝大部分的客流量，在保证自身客流及增加运营收入的同时，也减少了道路上的私人小汽车数量，确保香港在道路资源非常有限的情况下，仍具有良好的交通秩序。

在建设轨道交通的过程中，特别强调香港城市空间格局与轨道交通的高度融合。香港从 1973 年开始新市镇建设，经过 30 年的发展形成了港九母城与新区相结合的城市格局。在支撑新城发展过程中，香港轨道交通依据新城与中心区距离科学选择了轨道交通制式，在离中心区较近的新城采用地铁制式，而较远的新城则通过市域铁路连接。香港新城轨道交通建设层次明显，轨道交通线路和车站数量随新城与中心区距离递减，并充分考虑新城人口、面积、地形、产业等因素。现在发展的 9 个新市镇都建有轨道交通线路，轨道交通把新市镇与港九母城紧密联系在一起，每个新市镇又自成中心，在每个轨道站点步行距离内集中发展大型商业、文化娱乐等各种配套设施和高密度居住区，完善的配套设施与交通枢纽相配合，形成了新市镇的中心。再往外围则是中等密度的居住区和山体公园，在轨道站点通过便捷的公交接驳将外围居住区与站点紧密地联系起来，使得每一个新市镇都成为一个自给自足同时与自然和谐共生的新社区，从而形成了轨道交通与新城空间结构紧密契合的网络形态①。

另外，香港是地铁 + 物业模式的典型代表，香港地铁公司号称是世界上唯一不依赖政府补贴反而有可观盈利的地铁公司。自 20 世纪 90 年代以来，香港地铁的设计理念发生了全新的改变，开始更加注重地铁车站用地类型的转变及其与外界连接的便利性。例如，香港站和九龙站在新填海地区建设国际金融中心，实现

---

① 陈坚，潘国庆，李和平，王超深．香港轨道交通与新城协调发展历程与启示［J］．城市交通，2018（4）：43 – 50.

了中央商务区的空间拓展；青衣站则从工业危险品仓库地转变为新的社区交通枢纽及商业中心。这一时期，香港较好地将地铁建设与城市功能空间布局联系起来，进一步增强了居民出行的便利性。由于成功的物业开发，香港地铁公司成为香港纳税大户和香港实力最雄厚的公司之一。香港地铁公司以商业原则经营业务，地铁公司在建造地铁时，同时与开发商共同开发车站车场上盖的空间，建设大型的住宅及商用物业、管理已建成的物业及保留部分商用物业作投资用途。香港地铁公司的物业开发主要有 3 种模式：①车站上盖发展模式，在轨道车站上面开发物业，住宅、办公、商场、巴士换乘站、轨道车站高度融合成为一体的社区；②车站四周发展模式，在轨道车站四周开发住宅、办公、商场、巴士换乘站等用途的物业，并通过行人天桥与轨道车站联系；③车辆段发展模式，在车辆段上面开发住宅、办公、商场等用途的物业，形成大型综合社区，而将车辆段放在底层，承担车辆维修、保养、停车等功能。除物业发展外，地铁公司也保留商场用作投资，并负责物业的管理，成为目前香港最大的物业管理公司之一①。

香港轨道交通系统通过科学合理制度保障下的土地与物业等产业的综合开发利用，实现了轨道交通与新城建设相协调，综合轨道交通体系便利性、民生性与营利性相统一的局面，这些优秀的经验值得借鉴。

第三节　国内外典型高速铁路线路区域经济效应的经验借鉴

通过上述对国内外典型高速铁路线路及其区域经济发展效应的分析，从中得到了多个方面的启示与经验。综合来看，主要涵盖如下几个层面。

---

① 马祖琦，简德三，沈洪．东京和香港轨道交通站场综合开发启示［J］．都市快轨交通，2015（6）：144 - 148.

一、高速铁路线路的区域经济融合效应存在较强异质性

从国内外主要高速铁路线路的修建、运营及其与区域经济增长的互动关系来看，高速铁路线路的开通运营有助于加快区域要素的流动，尤其是推动劳动力的跨区域转移，但其对区域经济融合发展的影响存在较强的异质性。在区域经济发展存在较大不平衡性的地区，高速铁路的开通运营虽然会增强沿线地区的总体交通可达性，但容易导致要素单方向流动与集聚，造成区域收入差距拉大、区域发展不平衡加强等影响，难以形成区域经济的融合互动。例如，西班牙马德里—塞维利亚高速铁路线路的开通并未改变塞维利亚地区经济相对落后、区域经济融合不足的状况，甚至还加剧了其与马德里所代表的核心经济区的发展差距。而如果高速铁路线路连接的城市经济发展水平等差异相对较小，高速铁路的开通运营往往将显著增强城市间、区域间经济要素的往来互动，大大提升区域经济增长的动力与潜力，并利用交通空间溢出效应的发挥，带动更大区域范围内经济融合发展与良性互动关系的形成。这一现象已经在法国里尔高速铁路枢纽建设、京津城际高速铁路和京沪高速铁路的运行实践中得到证实。

当然，高速铁路建成运营的区域经济发展效应的发挥还与其他因素密切相关，如城市的规模、城市的产业结构、城市的资源禀赋等。因此分析高速铁路建设运营的区域经济增长效应需要特别注重对异质性因素的解读。

二、高速铁路线路是经济结构调整与绿色发展的催化剂

高速铁路的建成运营将带动一系列产业的兴起与发展，尤其是在高速铁路枢纽地区，高速铁路相关配套产业、商业综合体等的出现与发展，有可能成为区域结构调整的催化剂。法国里尔高速铁路枢纽便抓住高速铁路开通运营的契机，将高速铁路带来的通行便利性、可达性优势与区域产业结构调整相结合，依托高速铁路发展带来的人流、资金流、信息流等，大力开发商业、办公、居住、娱乐、休闲、交通等相关产业，将里尔由传统工业城市变成了一个以商务办公、金融为主的现代化都市，实现了经济结构的成功调整转型。

高速铁路在推动经济结构调整的同时，还往往会产生十分显著的环境效

益，而对高速铁路节能、环保、绿色发展等特征的关注在德国等发达国家和地区的高速铁路建设过程中得到了充分展现。通过一系列措施利用并发挥高速铁路节约能源、减少碳排放的优势，进一步促进经济发展的绿色属性，不仅是这些国家和地区高速铁路运营中推动经济发展质量的重要经验，也为当前中国推进经济发展质量提升、促进经济绿色发展提供了重要借鉴。尤其是在新一轮高速铁路建设中，不少环境较为脆弱的中西部地区被纳入高速交通网络之中，在此过程中平衡经济效益与环境效益、提升对高速铁路建设的环境效应认识变得更为重要。

三、高速铁路线路可形成与新城和产业开发的良性互动

高速铁路建设尤其是站点建设往往与一个城市的新城开发相结合。通过国内外典型高速铁路线路的案例分析可知，高速铁路站点枢纽的区位选择会导致资源在站点周边的新一轮集聚，有助于支撑新城及其相关产业的开发。以香港为例，轨道交通拓展的过程同时也是新城开发的过程。通过轨道交通将核心老城区与新城区相连，并围绕新城站点集中发展大型商业、文化娱乐等各种配套设施和高密度居住区，形成新城中心；进一步通过便捷的轨道交通联系将新城中心与外围居住区和站点相连，从而形成轨道交通与新城空间结构紧密契合的网络形态，推动新城的进一步开发与完善——包括高速铁路在内的轨道交通建设将有助于形成交通枢纽系统与新城开发的良性互动。在新城开发过程中不可避免地会导致相关产业的开发，尤其是住宅、办公、商场、写字楼及其相关的物业服务、金融服务等服务业的发展往往会得到更多青睐，从而可以将交通建设与城市功能空间布局联系起来，充分发挥城市功能。

四、高速铁路线路的区域经济发展效应发挥需制度保障

从国内外典型高速铁路线路的建设、运营及其与区域经济发展的互动关系上，都可以看到制度发挥作用的影子。作为一项投资巨大且兼具公共产品性质的高速铁路基础设施，韩国 KTX 的顺利开通和运营得到了政府政策的多方面支持。而作为世界上运行效率最高的交通系统之一，中国香港轨道交通系统的稳定、安

全、高效运营则离不开交通管理制度及其具体策略的制定与执行。而这些制度与政策又将进一步影响高速铁路建设与区域经济发展的互动方式、强度及其作用方向。高速铁路建设区域经济发展效应的良性发挥需要科学合理、明确清晰的制度体系相保障。

第六章　宁夏高速铁路建设的区域经济社会发展影响分析

第一节　高速铁路建设为宁夏区域经济社会发展带来重大机遇

高速铁路建设运营不仅让人们享有了更快速、更便捷、更舒适的出行，也将对沿线经济社会发展产生积极影响。所谓“经济发展，交通先行”，就是因为经济要素的流动需要依托快捷、便利的交通的发展。高速铁路建成运营后，人、财、物便搭上了快车道，从而加快流动，推动了经济的快速发展。高速铁路建设对宁夏的影响是多方面、多层次的，将显著改善宁夏的交通物流条件，提升宁夏在全国区域经济格局的地位，密切宁夏与周边省份的经济合作，促进沿黄经济区的快速发展，形成一条以银川省会城市，吴忠、中卫等次中心城市为核心的经济带，从根本上缓解宁夏出行不便、连接不畅的交通局面，大幅度缩短旅行时间，改善沿线的人居环境和投资环境，加快沿线地区的城市化进程并推动经济增长，为宁夏区域经济发展带来重大机遇。

一、促进宁夏产业发展和产业结构优化，缩小东西部差距

西北地区经济发展落后的重要原因之一是资金的缺乏。在市场经济条件下，因为东部地区具有更好的发展基础和市场环境，资金、人才等要素资源的配置往往更倾向于流向东部地区。随着我国全面深化改革和经济结构的战略性调整，发达省区面临经济结构重组与产业结构优化升级的双重任务，其中部分在东部地区相对落后而中西部地区急需的产业资本需要开辟新的发展空间。在此背景下，宁夏能否成为这种“产业转移”的良好承接者就成为宁夏经济快速发展、产业加速发展的一个重要变量。而宁夏高速铁路的开通，将推动宁夏交通基础设施进一步完善，缓解宁夏工业发展的运输“瓶颈”制约，加强对外联系，并加速高速铁路沿线人流、物流等生产要素的跨区域流动，也将为宁夏承接长三角和京津地区产业转移、利用区外科技和人才资源、开拓市场提供更为重要的支撑条件，有助于促进宁夏产业发展水平的整体提升，缩小宁夏与中东部地区之间的发展差距。

此外，高速铁路的开通运营，还将带动宁夏服务业及其一系列新兴产业的发展，助推宁夏产业结构优化。

首先，交通运输是制约旅游业发展的重要因素之一，旅游地的通达性及可进入性直接影响到旅客的时间、金钱成本大小，进而影响旅客对旅游目的地的选择。被誉为“塞上江南”的宁夏拥有十分丰富的旅游资源，185 个旅游资源单体中，有 39 个自然旅游资源，133 个人文旅游资源，13 个服务类旅游资源。在全国标准类型的旅游资源中，宁夏占 46 种，占全国基本类型的 48%。宁夏高速铁路的开通有助于显著增强宁夏旅游资源的空间可达性，为地处西北内陆的宁夏带来更多旅游市场发展机会。

其次，高速铁路的开通，还将改变土地的区位特性，提高土地的利用价值，有助于站点周边的房地产及其住宅、商业、服务等于一体的综合性社区的开发与建设，不断推进现代物流、商务、会展等第三产业的发展，改善宁夏“轻重工业”严重失衡的现状。

最后，高速铁路开通所带来的空间可达性的提升，还将推进宁夏特色产业，

如枸杞、葡萄、马铃薯等有机特色农业的市场拓展，推进轻纺织等传统优势产业以及高端铸造等新兴装备制造业的发展，为宁夏特色产业发展和产业结构升级提供重要契机。

二、推动高速铁路沿线城市发展和银川都市圈建设

受到内陆区位和绿洲条件的影响，宁夏远离沿海发达地区的资源和市场，其经济社会的封闭性和分散性十分突出，空间阻隔的负面影响在相当长的时期内无法回避。高速铁路的运营将极大地改善宁夏与内地大城市和经济发达地区市场的空间可达性，更促进了高速铁路沿线尤其是银川、吴忠、中卫等城市空间结构的进一步优化，从而推动生产要素集聚能力的进一步增强。各沿线城市结合高速铁路站点建设，规划建设新城区，将成为城市经济发展的新中心，进而扩大城市发展空间，城市经济发展承载能力明显提高，其中，银川将是高速铁路宁夏沿线城市中受益最为突出的城市。

究其原因：其一，银川作为高速铁路始发站之一，交通枢纽地位更加突出，特别是银川在全区的物流核心地位将进一步加强；其二，高速铁路建设将改变银川的城市空间格局，银川站片区是银川西部新城的核心，其建设和运营将使银川站片区成为银川市又一个经济和商业活跃区，促进和带动旅游、商务、会展、现代物流、房地产等产业的发展，银川西部的发展将因此迈上一个新台阶；其三，高速铁路建设将进一步增强省会银川在区域经济发展格局中的地位。高速铁路开通后，从银川到兰州只需 2 小时，到西安 3 小时，到太原 3.6 小时，到北京、重庆、成都各 5 小时，到上海 7 小时，到广州 10 小时。自此，银川将成为西北地区重要的节点城市，有利于银川加快提升产业层次和产业竞争力，显著增强银川对周边区域和全区经济发展的辐射带动能力，推动银川都市圈建设。

三、促进农村劳动力转移，提高城镇化水平

城市化是农村人口向城市转移的过程，也是城市人口的集中和增加、城市数量增多、城市区域不断扩大的过程。高速铁路的运行在提高沿线城市交通枢纽地位和城市地位的同时，其人口“集聚”效应也将大大加强，从而拓展城市产业

发展与人口流动的空间，增强城市吸引力，促使城市人口、用地规模扩张和产业集聚，有利于加快沿线区域城市化进程。在此过程中，根据日本东海道新干线和山阳新干线的运行经验，在高速铁路开通后，人口流动规模的提升大大增加了与之相关的食宿、旅游等消费，而仅此产生的支出即达到了约5万亿日元，由此带动的就业增加人数达到50万人。截至2017年，宁夏第三产业占GDP的比重达到46.68%，超越第二产业成为宁夏的主体产业部门，但仍具有较大的发展空间。高速铁路建设运营带来的第三产业的巨大发展机遇，特别是沿线城市第三产业的发展，有助于扩大宁夏就业容量和空间，促进农村剩余劳动力转移，推进城乡协调发展及其一体化发展进程。目前，高速铁路途经宁夏的三个主要城市，除银川的城镇化率较高外，其余各市城镇化水平都相对较低。高速铁路开通运营，将使宁夏沿线城市产业和人口承载能力不断提升，无疑将带来较为明显的人口“集聚”效应，从而大大加快城镇化建设步伐。

除上述影响外，宁夏作为我国五个少数民族自治区之一，高速铁路的开通对于民族地区经济社会发展的特殊意义亦不能忽视。少数民族居住的地区往往处于比较偏远的地带，一方面是历史和地理因素造成的，另一方面与其自身文化、民族习俗有关。高速铁路的开通，可以大大加强包括少数民族在内的区域间的联系，从这个层面看，高速铁路对民族融合还有着相当重要的作用，对发展少数民族地区经济、加强少数民族与其他区域间的联系，具有十分重要的政治意义。

第二节　银西高速铁路建设对宁夏交通运输能力及空间可达性的影响预测

银西高速铁路的建设，使银川至西安客车运行时间由过去的14个小时缩短至3小时以内，大大提升了沿线区域的可达性。银西高速铁路的开通运营有利于在宁夏域内形成一条交通经济带，推动宁夏经济的快速发展。与此同时，作为

《国家中长期铁路网规划》中的“高等级铁路福银高速铁路的组成部分”，银西高速铁路的建设对于完善全国铁路交通运输网和高速铁路网络体系亦具有重要作用。银西高速铁路建成后，河东国际机场站将同时具备高速铁路和城铁的运送能力，高速公路、高速铁路可以实现远、近距离的快速通达及陆、空形成高效立体交通网，从而进一步缩短宁夏与世界的距离，使宁夏真正成为丝绸之路经济带的战略支点。

鉴于银西高速铁路较强的代表性，本章将以银西高速铁路为例，研究探讨高速铁路建设对宁夏交通运输能力及其空间可达性的影响。选择合适恰当的统计计量分析方法有效解决当前高速铁路建设运营的经济效应预测检验以及数据相对有限等约束问题，是解决问题的关键。较大多数计量统计方法所要求的大样本的基本要求而言，这里所要采取的灰色预测模型反而能在已有信息的基础上针对小样本的限定而较为准确地反映出变量间的关系。为了考察银西高速铁路建设对宁夏交通运输能力和空间可达性的影响预测，本节将采用灰色预测模型进行分析。

一、灰色预测模型的内涵及主要计算步骤

（一）灰色预测模型的内涵及优势

当我们应用运筹学的思想方法解决实际问题，制定发展战略和政策、进行重大问题的决策时，都必须对未来进行科学的预测。预测是根据客观事物的过去和现在的发展规律，借助于科学的方法对其未来的发展趋势和状况进行描述和分析，并形成科学的假设和判断选择。灰色预测是对灰色系统所做的预测。目前常用的一些预测方法（如回归分析等），需要较大的样本。若样本较小，常造成较大误差，使预测目标失效。灰色预测模型（Gray Forecast Model）则是根据过去已知的或非确知的信息（灰色信息），寻找系统的内在规律，通过对动态信息的开发、利用和加工，建立一个从过去引申到将来的 GM 模型，从而了解系统动态行为和发展趋势，为事物的规划决策、系统的控制与状态的评估提供依据的一种预测方法。灰色预测模型所需建模信息少，运算方便，建模精度高，在各种预测领域都有着广泛的应用，是处理小样本预测问题的有效工具。

（二）灰色预测模型的基本计算步骤

1. 数据的预处理

假设给定原始时间数据序列为：

$$x^{(0)}=\{x^{(0)}(i) \mid i=1,2,\cdots,n\} \tag{6.1}$$

其累加生成序列为：

$$x^{(1)}=\{\sum_{j=1}^{i}x^{(0)}(j) \mid i=1,2,\cdots,n\} \tag{6.2}$$

生成序列减弱了原始数据的随机性和不稳定性，显得更加有规律。

2. 建立微分方程

灰色系统建模思想是直接将时间序列转化为微分方程，从而建立抽象系统的发展变化动态模型，简记为 GM（1，1）模型。GM（1，1）模型的原始形式如下：

$$\frac{dx^{(1)}}{dt}+ax^{(1)}=u \tag{6.3}$$

方程中 a 为常数系数，命名为发展灰数，u 是内生控制灰数，是对系统的常定输入：第一个“1”为阶数，第二个“1”表示变量数。此方程满足初始条件：

当 $t=t_0$ 时，$x^{(1)}(t)=x^{(1)}(t_0)$ (6.4)

它的解为：

$$x^{(1)}(t)=\left[x^{(1)}(t_0)-\frac{u}{a}\right]e^{-a(t-t_0)}+\frac{u}{a} \tag{6.5}$$

对等间隔取样的离散值（注意到 $t_0=1$），则为：

$$x^{(1)}(t)=\left[x^{(1)}(1)-\frac{u}{a}\right]e^{-ak}+\frac{u}{a} \tag{6.6}$$

3. 参数估计 a 和 u

灰色建模的方法是进行一次累加得到累加序列，使用最小二乘法计算方程（6.6）中的常数 a 和 u。将 $x^{(1)}$（t）用作初值，再对 $x^{(1)}$（2），$x^{(1)}$（3），…，$x^{(1)}$（n）分别代入方程，用差分代替微分，又因等间隔取样，$\Delta t=1$，故得：

$$\frac{\Delta x^{(1)}(2)}{\Delta t}=\Delta x^{(1)}(2)=x^{(1)}(2)-x^{(1)}(1)=x^{(0)}(2) \tag{6.7}$$

类似有 $\frac{\Delta x^{(1)}(3)}{\Delta t}=x^{(0)}(3)$，…，$\frac{\Delta x^{(1)}(n)}{\Delta t}=x^{(0)}(n)$

于是，可以得到：

$$\begin{cases} x^{(0)}(2)+ax^{(1)}(2)=u \\ x^{(0)}(3)+ax^{(1)}(3)=u \\ \cdots \\ x^{(0)}(n)+ax^{(1)}(n)=u \end{cases} \tag{6.8}$$

将上式化简整理并写成矩阵的形式，即：

$$\begin{bmatrix} x^{(0)}(2) \\ x^{(0)}(3) \\ \cdots \\ x^{(0)}(n) \end{bmatrix}=\begin{bmatrix} -\frac{1}{2}x^{(1)}(2)+x^{(1)}(1) & 1 \\ -\frac{1}{2}x^{(1)}(3)+x^{(1)}(2) & 1 \\ \cdots & 1 \\ -\frac{1}{2}x^{(1)}(n)+x^{(1)}(n-1) & 1 \end{bmatrix}\begin{bmatrix} a \\ u \end{bmatrix} \tag{6.9}$$

令 $y=(x^{(0)}(2), x^{(0)}(3), \cdots, x^{(0)}(n))^T$，

$$B=\begin{bmatrix} -\frac{1}{2}x^{(1)}(2)+x^{(1)}(1) & 1 \\ -\frac{1}{2}x^{(1)}(3)+x^{(1)}(2) & 1 \\ \cdots & 1 \\ -\frac{1}{2}x^{(1)}(n)+x^{(1)}(n-1) & 1 \end{bmatrix}, \quad U=\begin{bmatrix} a \\ u \end{bmatrix}$$

则式（6.6）的矩阵形式可以表示为：

$$y=BU \tag{6.10}$$

方程组（6.10）的最小二乘估计为：

$$\hat{U}=\begin{bmatrix} \hat{a} \\ \hat{u} \end{bmatrix}=(B^TB)^{-1}B^Ty \tag{6.11}$$

4. 预测模型和还原模型

把估计值 $\hat{a}$ 与 $\hat{u}$ 代入式（6.10），得到时间响应方程：

$$\hat{x}^{(1)}(t)=\left[\hat{x}^{(1)}(t_0)-\frac{\hat{u}}{\hat{a}}\right]e^{-\hat{a}k}+\frac{\hat{u}}{\hat{a}} \tag{6.12}$$

由于灰色系统理论建立的是累加数据的模型，因此必须对累加的数据进行还原，得到还原模型，由此可以计算得到在 $k+1$ 处的预测值为：

$$\hat{x}^{(0)}(k+1)=\hat{x}^{(1)}(k+1)-\hat{x}^{(1)}(k) \tag{6.13}$$

通过残差、关联度以及后验差检验来确保模型更加精确和可靠，检验后如果模型还不够精确，再使用校正和优化检验。

（三）灰色预测模型的精度检验

1. 残差检验

残差：$\varepsilon^{(0)}(k+1)=x^{(0)}(k)-\hat{x}^{(0)}(k)$，$k=2，3，\cdots，n$

相对残差：$e(k)=[x^{(0)}(k)-\hat{x}^{(0)}(k)]/x^{(0)}(k)$，$k=2，3，\cdots，n$

计算对应百分比绝对误差：$MAPE=\frac{1}{n-1}\sum_{k=2}^{n}\left|\frac{\varepsilon^{(0)}(k)}{x^{(0)}(k)}\right|$

一般情况下，如果 MAPE≤10%，同时原点误差小于 2% 可以认定其满足精度要求。

2. 关联度检验

$$\eta(i)=\frac{\min\{\varepsilon^{(0)}(k)+\xi\max\{\varepsilon^{(0)}(k)\}\}}{\varepsilon^{(0)}(k)+\rho\max\{\varepsilon^{(0)}(k)\}}$$

式中，ξ 是分辨率，一般取值为 0.5，关联度 $r=\frac{1}{n}\sum_{i=1}^{n}\eta(i)$。当 $\xi=0.5$ 时，$r>0.6$，则满足预测精度。

3. 后验差检验

$x^{(0)}$ 的均值：$\bar{X}=\frac{1}{n-1}\sum_{k=1}^{n}x^{(0)}(k)$；$x^{(0)}$ 的方差：$S_1=\sqrt{\frac{1}{n}\sum_{k=1}^{n}[x^{(0)}(k)-\bar{X}]^2}$

残差的均值：$\bar{E}=\frac{1}{n-1}\sum_{k=2}^{n}\varepsilon^{(0)}(k)$；残差的方差：$S_2=\sqrt{\frac{1}{n-1}\sum_{k=2}^{n}[x^{(0)}(k)-\bar{E}]^2}$

后验差比值：$C=\frac{S_2}{S_1}$

小误差概率：$P = P\{|\varepsilon^{(0)}(k) - \bar{E}| < 0.6745S_1\}$。其中预测精度等级如表6－1所示：

表6－1　预测精度等级对照

预测精度等级	P	C
好	>0.95	<0.35
合格	>0.80	<0.45
勉强	>0.70	<0.50
不合格	≤0.70	≥0.65

二、银西高速铁路建设对宁夏交通运输能力的影响

（一）交通运输能力的内涵及测度

铁路运输能力是铁路通过能力和铁路运送能力的总称。铁路通过能力是指在选用一定类型的机车车辆和一定的行车组织方式下，铁路区段的各类固定设备，在单位时间内所能通过的最多列车对数或列数。铁路运送能力是指在一定的机车车辆类型、一定的固定设备和行车组织方式条件下，根据机车车辆等行进设备和职员的现有数量，在单位时间内所能输送的最多货物吨数，是表示铁路运输能力的另一种形式，很大程度上取决于人员等活动设备。

高速铁路以其特有的快速、安全、环保、舒适度高等优势迅速得到了人们的青睐，它可以挖掘潜在的客运市场，缓解区域客运紧张程度，创造人们出行的经济快捷性。高速铁路的建设与运营也可以促进铁路货运市场的发展，释放大量的货运量。高速铁路的开通可以避免客运高峰时人流拥堵、秩序混乱、客运工具匮乏等问题，客运专线的建设与运营还可以终结铁路客货混跑的尴尬局面，腾出既有线路而致力于满足日益增长的货物运输需要。

本书选用客（货）运密度为分析指标来客观地体现运输能力的大小，该指标是指一定时期内，以铁路运输的某一段运输线路上，平均每千米线路所承担的

旅客（货物）周转量。在铁路运输中，新线设计、旧线技术改造、运输设备和运输组织工作的采用等，都以运输密度为重要依据。

$$客(货)运密度 = \frac{客(货)运周转量}{营业线路里程} \times 10000 \tag{6.14}$$

式中，各指标单位分别是：客（货）运密度——万人（万吨）千米/千米；客（货）运周转量——亿人（万吨）千米；营业线路里程——千米。

（二）银西高速铁路运营的交通运输能力效应预测

根据前文灰色预测模型的基本步骤，表 6 – 2 首先给出了宁夏和陕西铁路客货运周转量和运营里程的原始时间序列数据。

表 6 – 2　宁夏、陕西铁路客货运周转量和运营总里程

（2008 ~ 2017 年）　单位：万人千米，万吨千米，千米

年份	宁夏			陕西			宁夏陕西地区		
	客运周转量	货运周转量	运营里程	客运周转量	货运周转量	运营里程	客运周转量	货运周转量	运营里程
2008	29. 03	225. 74	800	350. 59	1121. 74	3200	379. 62	1347. 48	4000
2009	30. 69	253. 39	900	342. 57	1185. 36	3300	373. 26	1438. 75	4200
2010	33. 38	280. 38	1200	362. 64	1267. 87	4100	396. 02	1548. 25	5300
2011	41. 36	324. 92	1300	405. 37	1354. 25	4100	446. 73	1679. 17	5400
2012	41. 15	365. 62	1300	408. 84	1446. 75	4100	449. 99	1812. 37	5400
2013	44. 51	363. 62	1300	421. 38	1514. 70	4400	465. 89	1878. 32	5700
2014	48. 46	306. 37	1300	464. 74	1603. 38	4500	513. 2	1909. 75	5800
2015	47. 37	245. 08	1300	464. 44	1435. 91	4500	511. 81	1680. 99	5800
2016	45. 20	242. 38	1300	464. 17	1518. 27	4600	509. 37	1760. 65	5900
2017	43. 26	253. 55	1400	471. 03	1641. 77	5000	514. 29	1895. 32	6400

数据来源：国家统计局数据。

在此基础上，借助式（6. 14）计算得到银川、西安两地 2008 ~ 2017 年铁路客运和货运密度（见表 6 – 3），这是进行灰色预测分析的数据前提。

表6-3　银川、西安两地铁路客货运密度（2008~2017年）

年份	2008	2009	2010	2011	2012	2013	2014	2015	2016	2017
客运密度 万人千米/千米	949.05	888.71	747.21	827.28	833.31	817.35	884.83	882.43	863.34	803.58
货运密度 万吨千米/千米	3368.70	3425.60	2921.23	3109.57	3356.24	3295.30	3292.67	2898.26	2984.15	2961.44

数据来源：国家统计局数据，并经计算得到。

采用表6-3中计算所得数据，构建灰色预测模型 *GM*（1，1），根据式（6.1）和式（6.2）得到原始数据序列以及经过累加得到的生成序列（见表6-4），所有数据都满足光滑比和指数比，通过使用灰色预测模型软件计算主要参数。

表6-4　各参数计算结果

名称	a	u	误差概率 P	MAPE	关联度 r
客运密度灰色预测模型	-0.01074	798.7587	1	2.42430%	0.65929
货运密度灰色预测模型	0.00724	3291.358	1	1.07702%	0.66922

通过采用2008~2015年客（货）运密度数据的灰色模型原始数据列，都通过了光滑度检验和指数规律检验，其残差值均满足残差值 MAPE≤10%，关联度 $r>0.6$，误差概率 $P>0.8$。通过运用matlab软件计算得出拟合值如表6-5所示。

表6-5　客货运密度预测值　　单位：万人千米/千米，万吨千米/千米

年份	实际客运密度	预测客运密度	实际货运密度	预测货运密度
2008	949.05	949.05	3368.70	3368.70
2009	888.71	813.31	3425.60	3255.16
2010	747.21	822.10	2921.23	3231.68
2011	827.28	830.97	3109.57	3208.36
2012	833.31	839.95	3356.24	3185.21
2013	817.35	858.19	3295.30	3162.23

续表

年份	实际客运密度	预测客运密度	实际货运密度	预测货运密度
2014	884.83	867.46	3292.67	3139.42
2015	882.43	876.82	2898.26	3116.76
2016	863.34	886.29	2984.15	3094.28
2017	803.58	895.86	2961.44	3071.95
2018	—	905.54	—	3049.79
2019	—	915.32	—	3027.78
2020	—	925.20	—	3005.94

注：“—”表示数据不可得。

通过表6-5中的数据可知，宁夏域内的客运密度呈现出较为明显的提升趋势，且变动、提升的趋势在后期有所加快，即银西高速铁路的开通运营很可能将对宁夏域内的旅客运输产生较强的拉动作用；与此同时，我们也可以看到，银西高速铁路开通前，宁夏的货运密度在波动中呈现出下降趋势，但下降的趋势在后期有所减缓，这可能意味着银西高速铁路开通后，腾出的既有路线可以为货运发展提供更大空间，在一定程度上会提高高速铁路货运能力。

三、银西高速铁路建设对宁夏空间可达性的影响预测

（一）区域空间可达性的内涵及测度

区域空间可达性是指从一个地方到另外一个地方的难易程度，可以用运输时间、运输费用两类指标衡量。运输时间不仅取决于运输工具的速度，还取决于运输工具与其他交通运输方式组合的效率。高速铁路的优势之一就是缩短旅行时间，提高区域与区域间、区域内部城市间的空间可达性。区域空间可达性的提升有助于提高城市地位和区域影响力。衡量可达性的指标主要有加权平均旅行时间、交通成本、机会可达性、经济潜力值及日常可达性等。考虑到数据可得性等因素，本书中采用了加权平均旅行时间、日常可达性两项指标进行分析。

（二）基于平均旅行时间的区域可达性预测分析

加权平均旅行时间指标是指一个节点城市到各经济中心的时间变量，主要由

被分析节点的空间区位决定，也与经济中心的实力及连接分析节点与经济中心的交通设施质量密切相关。指标得分越低，表示该节点空间可达性越高，与经济中心的联系越紧密；反之亦然。其计算公式如下：

$$A_i = \frac{\sum_{j=1}^{n} T_{ij} M_j}{\sum_{j=1}^{n} M_j} \tag{6.15}$$

式中：A_i 表示区域节点城市 i 的空间可达性，其值越小，表明周边地区到达城市 i 所花费的时间越少，可达性越好；T_{ij} 表示通过铁路交通运输方式从节点城市 i 到 j 所花费的时间，利用时间距离替代欧氏距离更能反映现实情况；M_j 表示节点城市 j 的综合实力，即对周边地区的吸引力和辐射力，可用城市 GDP 和总人口等指标表征。本书综合考虑人口和经济的影响，选用城市 GDP 和常住人口的平均值表征 M_j。

银西高速铁路沿线的四个城市现阶段的旅行时间取客运所需时间。考虑到银西高速铁路建成后，设计运营速度在 200 千米/小时，最高时速可达 250 千米，在本次研究中我们采用其运营速度 200 千米/小时，因此建成后四个城市的旅行时间也是根据这一速度计算得到的（见表 6－6）。

表 6－6　银西高速铁路沿线四个城市间的平均旅行时间

城市	T_{ij}/min			
	银川	灵武	吴忠	中卫
银川		32/14.64	59/17.76	105/34.18
灵武			27/3.12	73/19.12
吴忠				46/16.42
中卫				

注：表中数据表示的是现阶段两城市间平均旅行时间/建成后两城市间平均旅行时间。

由于高速铁路对城市的影响主要是对经济和客流的影响，因此在计算平均旅行时间中的 M_j 值时选取了每个城市 2015 年的 GDP 总量和人口两项数据，如表 6－7 所示。

表 6－7　2015 年四个城市的 GDP 总量和人口数据

城市	银川	灵武	吴忠	中卫
GDP（亿元）	1493.86	357.45	405.60	316.89
人口（万人）	216.41	28.78	137.32	114.42

数据来源：《宁夏统计年鉴（2016）》。

将上述平均旅行时间、GDP 总量和人口数据代入到式（6.15）中，计算得到每个城市的加权平均旅行时间，如表 6－8 所示。

表 6－8　银西高速铁路沿线四个城市间的平均旅行时间

城市	T_{ij}/min		差值	减少（%）
	现阶段	建成后		
银川	65.92	22.08	43.84	66.50
灵武	37.57	13.03	24.54	65.32
吴忠	51.89	15.29	36.6	70.53
中卫	88.18	28.32	59.86	67.88

加权平均旅行时间反映了一个城市的空间可达性，从表 6－8 的数据及图 6－1可知，银西高速铁路建成后的加权平均旅行时间减少程度将达到 65% 以上。由此说明，宁夏域内银西高速铁路对沿线地区的出行时间减少非常显著，其中，减少程度排序为吴忠 > 中卫 > 银川 > 灵武。因此，银西高速铁路的开通缩短了宁夏域内各城市之间的时空距离（见图 6－1），减少了人们消耗在路上的时间，提高了旅客出行效率，促进了各地区间的人员交流，这也将促进宁夏域内银西高速铁路沿线地区的经济发展。

（三）基于日常可达性的区域空间可达性预测分析

日常可达性是指一天时间内可从节点 i 到其他地区进行活动的程度和次数，包括办公、旅游、居住等，具体可用一天内进行活动的最大次数、活动的人流量、物流量或日常最大通行范围等指标度量；日常可达性水平与地区间的交通设施直接相关，日常出行范围越大，则该区域可达性程度越高。

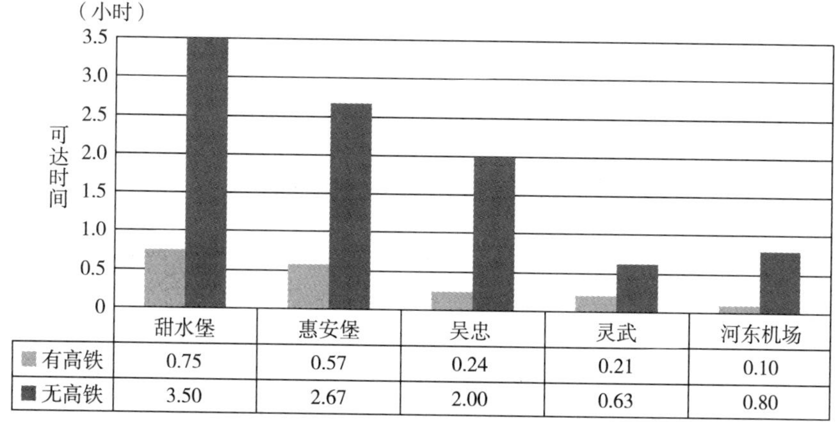

图 6-1　银西高速铁路开通前后部分沿线地区的平均旅行时间

在银西高速铁路开通前，宁夏区域内高速铁路沿线四个城市的最短用时是灵武到吴忠的 27 分钟，其他城市间旅行时间比较长，尤其是银川到中卫用时超过 2.5 小时。而银西高速铁路开通后，四个城市间用时最多近 40 分钟，其日常可达性大大提高，给人们的出行带来了便利。此外，鉴于银西高速铁路是从银川开往西安，而银川是宁夏的首府城市，因而选取银川为研究对象，通过分析银西高速铁路通车前后高速铁路沿线经过的几个主要站点到银川的时间变化，以更好说明银西高速铁路开通运营对区域空间可达性的影响（数据对比见表 6-9）。从表 6-9中可以看出，银西高速铁路开通后，最直接的影响就是沿线站点城市到某一节点城市，比如到达银川的时间大大缩短，从而一天内可以往返的最大次数大大提升，这意味着人们日常出行范围的扩大，即银西高速铁路开通后，将大大提高沿线节点城市的日常可达性水平，提升区域空间可达性。

表 6-9　银西高速铁路通车前后沿线各站点到银川的时间对比

区间	高速铁路通车前（小时）	一天内最大通勤次数（次）	高速铁路通车后（小时）	一天内最大通勤次数（次）
西安北—银川	12.67	1.89	3.00	8.00
空港新城—银川	18.00	1.33	2.82	8.51
李泉南—银川	12.75	1.88	2.72	8.82

续表 

区间	高速铁路通车前（小时）	一天内最大通勤次数（次）	高速铁路通车后（小时）	一天内最大通勤次数（次）
乾县—银川	8.00	3.00	2.20	10.91
永寿西—银川	7.67	3.13	2.10	11.43
彬县东—银川	7.00	3.43	1.93	12.44
宁县—银川	10.00	2.40	1.70	14.12
庆阳—银川	9.00	2.67	1.54	15.58
庆城—银川	5.50	4.36	1.33	18.05
曲子—银川	4.75	5.05	1.20	20.00
环县—银川	3.43	7.00	1.10	21.82
洪德—银川	3.17	7.57	0.92	26.09
甜水堡—银川	1.10	21.82	0.73	32.88
惠安堡—银川	1.33	18.05	0.57	42.11
白土岗—银川	2.00	12.00	0.42	57.14
吴忠—银川	1.50	16.00	0.30	80.00
灵武西—银川	0.85	28.24	0.24	100.00

第三节　银西高速铁路建设运营对宁夏区域经济增长及可持续发展的影响检验

高速铁路的区域经济增长效应，是指高速铁路对区域经济增长特别是对 GDP 的贡献程度。从路径上看，高速铁路的区域经济增长效应的发挥主要包括直接效应和间接效应两个方面，其中：直接效应包括高速铁路的修建运营和相关基础设备产品生产过程中直接创造的经济增速提高、生产部门扩张等引致的经济增长；间接效应主要指高速铁路的开通通过缩短旅行时间、减少运距、降低运输成本费用等方式提升客运量、货运量，强化区域经济联系等带来的区域经济增长效应。

一、银西高速铁路建设运营对宁夏经济发展的直接影响

（一）投入产出方法及其参数的计算

投入产出法是研究经济体系中各个部分之间投入与产出相互依存关系的数量分析方法。即把一系列内部部门在一定时期内投入来源与产出去向排成一张纵横交叉的投入产出表格，根据此表建立数学模型，计算消耗系数，并据以进行经济分析和预测的方法。在使用投入产出方法进行计算的过程中需要计算几个重要参数，具体如下：

（1）直接消耗系数：直接消耗系数 a_{ij} 表示生产单位第 j 种产品消耗第 i 种产品的数量，根据投入产出表，可以得到直接消耗系数矩阵 A。

（2）列昂惕夫逆阵系数矩阵：根据直接消耗矩阵系数 A 可以进一步求出列昂惕夫逆阵系数矩阵 $(I-A)^{-1}$。

（3）完全消耗系数矩阵：在实际生产过程中，各部门之间的消耗关系往往相当复杂，除了直接消耗各部门的产品外，还要通过中间需求消耗某些产品，这种消耗又被称为中间消耗。直接消耗系数和中间消耗系数的总和称为完全消耗。

完全消耗系数通常记为 c_{ij}，它是指第 j 部门每提供一个单位最终需要完全消耗第 i 部门产品或服务的数量。完全消耗系数矩阵 C 的计算公式如下：

$$C=(I-A)^{-1}-I$$

（二）计算结果与说明

在运用投入产出法评价银西高速铁路建设带来的投入效益时，本节模拟建立了银川铁路建设项目投入效益的投入产出模型，并参考了部分交通部规划司2007年颁布的《宁夏部分投入产出表》的相关数据。在此基础上，根据投入产出法及其主要参数的计算，可以得出宁夏铁路历年的完全消耗系数矩阵，将历年最终使用与各产业部门完全消耗系数相乘即可得到宁夏铁路建设完全消耗各产出部门产品或服务的总产值，即宁夏铁路建设期分年度的投入效益（见表6－10）。从表6－10中可以看出，近年来宁夏铁路建设的投入效益在波动中提升，尤其是2014年之后，其效益提升更为明显。虽然难以从中直接分辨银西高速铁路建设带来的区域经济增长效应，但考虑到银西高速铁路在2015年正式立项，2016年开工建设的主要节点及宁夏铁路建设的投入效益在2015年、2016年的快速提升，仍可以从侧面反映出银西高速铁路建设对宁夏区域经济增长的直接拉动效应。

表6－10　宁夏铁路建设期分年度的投入效益（2010～2016年）

年度	最终使用（万元）	建筑业完全消耗系数	投入效益（万元）
2010	8854.68	2.105	17259.59
2011	40037.24	2.105	80074.48
2012	34176.81	2.105	68234.56
2013	38765.70	2.105	76258.66
2014	52965.34	2.105	105946.26
2015	94523.53	2.105	188325.14
2016	106211.85	2.105	213586.36

二、银西高速铁路对宁夏经济发展的间接影响

高速铁路因其运量大、速度快、舒适性高等优势，其建设运营为宁夏带来的首要影响即是提高整个地区的客运量，并缓解货物运输的紧张局面。那么一个地区的客货运量的增加，与区域经济增长之间呈现出怎样的变动关系呢？为了回答上述问题，本节运用宁夏客运量（p）、货运量（load）和地区生产总值（gdp）的时间序列数据，建立向量自回归（Vector Auto Regression，VAR）模型，通过单位根检验、格兰杰（Granger）因果检验、脉冲响应、方差分解等方法分析铁路客货运量与地区经济发展的关系（见表6－11）。

表6－11　宁夏地区生产总值与铁路客货运量（2006～2017年）

变量名称 / 年度	地区生产总值（亿元）	铁路客运量（万人）	铁路货运量（万吨）
2006	725.9	357	3329
2007	919.11	382	3957
2008	1203.92	457	4400

续表

年度＼变量名称	地区生产总值（亿元）	铁路客运量（万人）	铁路货运量（万吨）
2009	1353.31	513	5979
2010	1689.65	539	6872
2011	2102.21	543	7848
2012	2341.29	535	8467
2013	2577.57	594	8412
2014	2752.1	657	6990
2015	2911.77	661	5631
2016	3168.59	659	5839
2017	3443.56	650	6528

（一）单位根检验

单位根检验是为了检验序列中是否存在单位根，若存在单位根则表明所检验的序列是非平稳的，若不存在单位根则认为序列是平稳的，而构建 VAR 模型的前提是序列需平稳。由于研究样本为时间序列数据，同时为了防止不平稳时间序列带来的 t 检验失败、自回归系数估计值有偏等问题的出现，有效避免“伪回归”现象的发生，本书采用较常用的 ADF（Augment Dickey - Fuller）检验方法对各变量进行平稳性检验。

为消除异方差的影响，本书对地区生产总值（gdp）、客运量（p）和货运量（load）序列数据分别进行取对数处理，记为 lngdp、lnp 和 lnload。同时，由于地区生产总值与客运量和货运量之间因双向因果关系的存在而极易导致内生性问题，从而影响回归结果的精度。为此，在进行回归前，文中的客运量和货运量数据均处理为滞后一期的数据。表 6 - 12 检验结果显示：lngdp、lnload 和 lnp 分别在 5% 和 10% 的显著性水平上为平稳序列。序列平稳即可建立 VAR 模型。本节以 lnp 和 lngdp 两个变量间的关系为例来进行进一步的模型检验。

表 6－12　单位根检验

变量	检验形式（c，t，k）	ADF 值	1%临界值	5%临界值	10%临界值
lngdp	（c，t，1）	－3.078**	－3.750	－3.000	－2.630
lnp	（c，t，1）	－2.635*	－3.750	－3.000	－2.630
lnload	（c，t，2）	－3.159**	－3.750	－3.000	－2.630

注：*，**，***分别表示在10%，5%，1%的显著性水平上拒绝原假设；ADF 检验形式中，c 表示常数项，t 表示时间趋势项，k 代表滞后阶数。以下类同，不再赘列。

（二）VAR 模型的建立

建立 VAR 模型之前要进行模型滞后阶数的判断。若滞后阶数太小，残差可能存在自相关，并导致参数估计的非一致性；若滞后阶数过大，待估参数太多，自由度降低，从而影响参数估计的有效性。为了选择最优的滞后阶数，一般依据 LR（似然比检验）统计量、FPE（最终预测误差）、AIC 信息准则、SC 信息准则和 HQ（Hannan－Quinn）信息准则五个常用指标来进行选择，在本次回归中，模型的最大滞后阶数为 2，故选择 VAR（2）模型，回归结果如表 6－13 所示。

表 6－13　模型回归结果

	lngdp	lnp
lngdp（－1）	0.138 （0.408）	0.596 （0.517）
lngdp（－2）	0.241 （0.256）	－0.056 （0.324）
lnp（－1）	0.494* （0.219）	0.758* （0.278）
lnp（－2）	0.386 （0.358）	－0.962 （0.454）

注：括号内的数据表示标准误差。以下类同，不再赘列。

从表 6－13 模型的输出结果可以看出：滞后 1 期的 lnp 对 lngdp 具有显著的正向影响，而滞后 2 期的 lnp 的影响不再显著。这说明铁路客运量的规模提升对地区生产总值具有正向推动作用，铁路交通的发展在一定程度上将促进区域经济的发

展。当然，这种影响并不具有较强的持续性，其随着时间的推进逐渐弱化消失。

（三）Granger 因果检验

为进一步分析 lnp 与 lngdp 之间的因果关系，在变量平稳的基础上进行 Granger 因果检验。表 6－14 的检验结果表明：在 10% 的显著性水平上，lnp 是构成 lngdp 的 Granger 原因，即宁夏铁路交通客运量的变化能够影响其地区生产总值的变化。从格兰杰意义上看，这一因果关系还说明铁路客运量序列对预测宁夏的区域经济发展序列的未来变动有显著作用。

表 6－14　Granger 因果检验结果

零假设	F 统计量	P 值	接受或拒绝
lnp 不是 lngdp 的格兰杰原因	6.472	0.056	拒绝
lngdp 不是 lnp 的格兰杰原因	3.601	0.128	接受

（四）VAR 模型的检验

1. 模型稳定性检验

图 6－2 中的结果显示：模型中所有特征根的倒数均小于 1，落在单位圆内，说明该模型是稳定的。

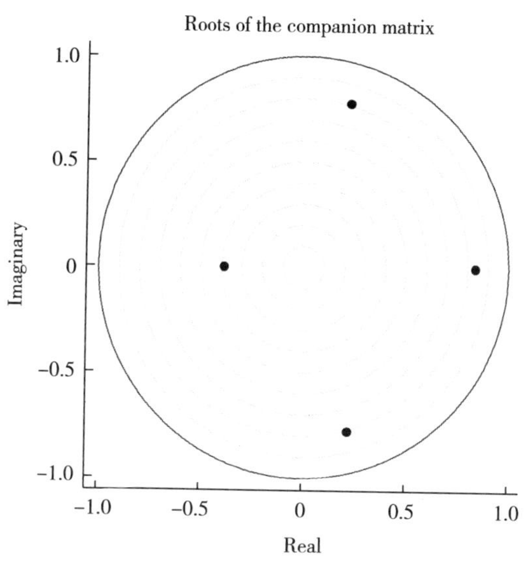

图 6－2　AR 根图

2. 脉冲响应

脉冲响应函数是为了揭示随机扰动项的一个标准差冲击对内生变量当前和未来取值的影响。采用 Cholesky 分解法，图 6－3 的结果中，上方两幅图分别为 lnp 对其自身以及 lngdp 进行标准差冲击后带来的响应。下方两幅图是 lngdp 对 lnp 及其自身进行标准差冲击后的响应图。本书更关注 lngdp 对 lnp 的响应，以及 lnp 对 lngdp 的响应。

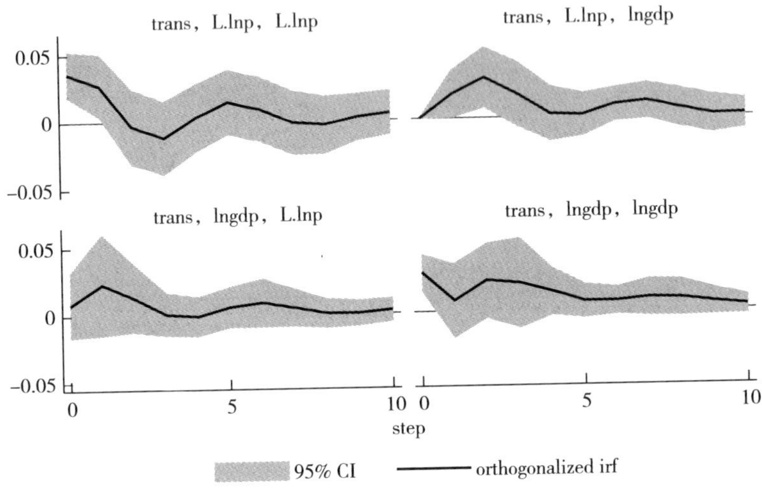

图 6－3　脉冲响应图

lngdp 受 lnp 的一个标准差冲击的响应图显示，起始响应快且为正，之后数值先上升后下降，但基本在 4 期之前，其响应均为正，并逐渐稳定在零附近小幅波动，说明 lnp 对 lngdp 的影响比较明显，而且不同滞后期的客运量对区域经济发展的影响明显不同，滞后期越小，lnp 对 lngdp 的影响越明显。这与之前的模型回归结果相一致，进一步佐证了 VAR 的研究结果。

lnp 受 lngdp 的一个标准差冲击后的脉冲图显示，起始响应为正，之后数值快速下降，并逐渐在零附近波动。这在一定程度上表明，lnp 与 lngdp 之间双向因果关系的存在。但经滞后期处理后，lngdp 对 lnp 的反向影响大为减弱，这也进一步佐证了 VAR 的研究结果。

3. 方差分解

在分析了铁路客运量（lnp）与地区生产总值（lngdp）的脉冲响应图之后，再利用方差分解的方法进一步分析两者之间的关系。表 6 – 15 对 lngdp 进行方差分解后的结果显示：lngdp 对自身的贡献度较大，但呈现出逐步下降的趋势，与此同时，lnp 对 lngdp 的贡献度不断上升，到第 8 期 lnp 对 lngdp 的贡献度达到最高值，约为 43.98%，并基本稳定在 43% 以上。综上，lnp 对 lngdp 的影响较为显著，数值较大，这跟 Granger 因果检验的结果相一致，lnp 是 lngdp 的格兰杰原因，即宁夏铁路客运量的增长将对本地经济发展产生显著的正向促进作用，从而在一定程度上表明宁夏高速铁路的建成通车有助于通过提升地区的客运量水平，进而推动宁夏区域经济的发展。

表 6 – 15　lngdp 的方差分解结果

期数	lngdp	lnp
0	0	0
1	1	0
2	0. 740949	0. 259051
3	0. 539988	0. 460012
4	0. 549606	0. 450394
5	0. 572613	0. 427387
6	0. 57741	0. 42259
7	0. 570122	0. 429878
8	0. 560204	0. 439796
9	0. 562578	0. 437422
10	0. 565271	0. 434729

第七章　借力高速铁路提升宁夏区域经济发展的战略对策

高速铁路建设运营，带来的不仅是时间、空间上的变化，还将对区域经济发展产生显著影响。但高速铁路带来的发展机遇不是“普惠制”。从国外和我国已开通高速铁路的沿线城市发展实际看，并不是所有沿线城市都会“因高速铁路而兴”。高速铁路就像强大的“吸管”，它能把人流、物流、信息流、资金流吸来，但也能吸走。日本、法国高速铁路建成几十年后，有很多城市因高速铁路而兴盛起来，但也有一些城市被逐步“边缘化”。这其中的关键在于高速铁路沿线城市如何依托自身优势进行应对。伴随着宁夏即将进入高速铁路时代，宁夏一直以来的区位劣势无疑将得到削弱，要借力高速铁路加速宁夏开放开发，大力推进宁夏的区域经济发展，还需深刻认识宁夏高速铁路发展带来的可能机遇、自身发展的比较优势以及两者如何结合。因此，这一章将试图探讨高速铁路经济时代，宁夏借力高速铁路提升区域经济发展的主要路径及其战略对策。

第一节　尽早谋划高速铁路站场经济发展

高速铁路是以客运为核心的区域性大运量快速交通设施。随着高速铁路的建设运营，一批现代化新型高速铁路站场（以下简称高速铁路站场）将相继投入

使用。作为大密度人流集散中心，这些站场蕴藏着巨大的商业价值。而有效地开发和利用高速铁路站场的庞大运营空间，不仅有助于从根本上降低高速铁路的运营成本，增强高速铁路建设的影响力和竞争力，而且其带来的资本、人才和商品的快速汇集，也有助于推进周边地区城镇建设和区域经济发展。

一、完善站场建设，提升生产和服务能力

高速铁路站场建设以及周围相关配套设施的完善，是实现高速铁路站场经济快速发展的重要保证。

一是要提升交通运行效率，有效协调人流、物流的集散。这就要求在高速铁路途经的各个站点的站场采用先进技术设备的同时更新经营管理理念，推进站场建设和管理的现代化和智能化。利用现代化技术完善站场功能及其周围的配套设施，提高运输效率，降低运输成本，并形成市内外交通以及对周围县市交通的转换，使乘客能及时换乘相关的运输方式到达目的地。

二是要加快站场商贸服务业的发展，扩大商贸服务规模，尤其是要注重开发宁夏特色商品的展览与陈列，在进行宁夏特色产品宣传的同时满足旅客的购物需求。

三是要完善餐饮业和住宿等配套设施，力求实现餐饮种类和住宿方式的多样化，为旅客创造一个高效、舒适、安全、经济的环境，提高站场周边的第三产业服务能力。

二、发挥站场优势，打造物流总部经济

高速铁路物流是21世纪交通运输现代化的发展趋势，是运输业扩展运输功能和服务范围、提高运输组织管理水平的重要途径之一。宁夏应依托高速铁路银川站交通枢纽中心，充分发挥交通综合枢纽站、银古高速公路出入口以及高速铁路连接全国铁路大动脉等优势，立足宁夏特色产业优势，规划建设集运输、仓储、商贸、配送、产品分包于一体的全国性现代物流园区，连接相邻物流中心，大力培育和引进大型物流企业，推动园区将金融、保险、运输、仓储、货代、维修、检测等相关企业进行整合，强化分工协作，完善产业链。在此基础上重点引

进经营第三方物流企业、商贸流通企业入驻，以区域生产、生活的末端配送服务为导向，构建区域采购分拨、货物集散和交易结算中心，促进区域物流和城市物流的有效衔接。全力打造物流总部经济，努力形成现代物流产业集聚效应，并通过配套建设住宅小区、办公楼宇、现代服务等设施，把其打造成为城市新组团，从而更好地发挥高速铁路站场的辐射带动能力与实现经济效益的提升。

三、挖掘商业空间，优化经济业态功能

在保证高速铁路站场快速通过能力的前提下，应对站场内部及外围区域进行综合开发，扩大商业空间。目前，高速站场已经成为集交通功能与商业、服务内容于一体的综合体。商业项目开发的顺序如下：

首先，大力发展广告业，运用 LED、LCD、灯箱、粘贴塑贴等多种媒介手段，最大限度地利用高速铁路站场的建筑空间，开发适合不同商家需求的广告载体，实现低成本开发和运作。

其次，开发企业冠名区或商务专用区，增加商业空间的累计收益。

再次，布设无干扰自助化服务设施，在空闲区域设置自助终端机、售货机、ATM 机等。

最后，合理布局餐饮、零售、便利、旅游咨询、纪念品、书刊等服务业态。

以固定区域为主、流动服务为辅的原则，在较长的旅客流线区段围绕旅客出发和到达的需求多元化布置业态，做到各种业态错落有致，满足旅客出行的多样需求，实现业态功能最优化。此外，要关注“高速铁路房”的开发，推行宁夏置业计划。高速铁路时代的到来，将大大缩短城市间的距离，使得异地购房成为可能。随着宁夏高速铁路的开通运营，将有更多人酝酿在宁夏置业，动车沿线概念将成为开发商的主要卖点。

四、加强站场设计，塑造城市门户形象

根据国内外交通枢纽，尤其是铁路综合枢纽门户地区的发展趋势和相关理论，城市大型交通枢纽门户地区未来将集交通综合、功能复合、城市节点、生活中心四大特点于一身，成为城市发展的“新触媒”，具有城市特色枢纽门户形象

必将成为提升城市核心竞争力的主要因素。高速铁路站场应成为区域或城市的门户形象，打造高速铁路车站鲜明的区域或城市特色，让旅客在不同的车站都能感受到浓郁的民族与文化方面的感染，使高速铁路车站真正成为汇聚商机和企业自我营销推介、市场培育及扩大市场影响力的重要平台。为此，要求高速铁路车站商业开发应结合区域经济发展的特点和要求，强化交通功能与生态功能的自然融合，以及景观商务休闲功能的补充，由此才能彻底改变各车站都有肯德基、遍地都有便利店的商业同质化和业态单一化的现状，创造出高质量、多元化的公共商业空间，使高速铁路车站商业真正获得持久发展的环境和条件。

宁夏素有“塞上江南”之称，高速铁路站场景观作为主要的门户景观，对宁夏的形象塑造具有较大的影响。宁夏高速铁路站场景观设计应注重发掘和利用地方特色文化元素，富有现代气息，并体现出地方特色。

第二节　明确高速铁路枢纽地区产业发展思路

合理的产业定位将会对城市的经济发展、功能完善、空间优化、产业结构调整等方面产生极大的推动作用。然而，由于我国高速铁路运行的时间相对较短，国内关于高速铁路枢纽地区产业发展的理论研究和实践经验相对较少，由此使得许多地区在高速铁路枢纽地区开发建设过程中出现了产业定位雷同、同质化竞争严重等现象，难以充分发挥高速铁路枢纽的经济带动效应。就目前情况看，高速铁路枢纽地区的产业发展主要以第三产业为主，但不同枢纽地区具体产业选择的影响因素不同，需要在战略定位、产业选择阶段突出体现城市特色，并且根据高速铁路枢纽等级的差异，合理定位产业类型，在产业发展过程中，更要根据发展阶段的变化，不断实现转型升级，最终使枢纽地区带动整个城市产业转型升级。

一、以高速铁路枢纽等级为基础，合理定位产业类型

中国城市规划设计研究院将高速铁路站分为中心站、综合站、新城站、接驳

站四类。显然，中心站、综合站等高等级站点一般位于经济发达、人口众多、地位显著的城市，而接驳站则位于经济欠发达、服务人口较少的城市。站点等级的不同导致枢纽站周边地区产业的选择也必然存在差异，金融、商务、办公等对“门槛入口”要求较高的现代服务业，主要存在于高等级枢纽站周边地区；而餐饮、住宿等对“门槛入口”要求较低的服务业，则会更多布局于低等级站点附近。

根据高速铁路站点枢纽的等级，在产业类型布局定位上，高等级站点应定位为与高水平开放相适应的重要枢纽，周边地区产业主要有酒店、反映都市文化生活水准的综合性商业、文化创意产业、娱乐休闲等；中等级站点强调在区域中的专业化职能分工，主要有商业、商务和交通等功能类型，作为区域交通功能主导型枢纽，主要产业包括地下商业城、居住、办公、旅游等类型；低等级站点由于人流、货流等较少，不宜发展高端服务业，基于“门槛入口”适宜的原则，一般选择居住、餐饮、商业等低端服务产业。但是，也应考虑到产业的动态发展和转型升级，对于有发展潜力的站点，前期可以配套性服务设施的开发为主，并预留足够用地，为后期持续开发奠定良好的基础。

二、以第三产业为导向，突出体现地方特色

一般而言，高速铁路枢纽地区以其便利、高效的交通优势，带来了大量的人流、物流、信息流等，适合发展以休闲娱乐、商贸、金融、商务酒店、中介咨询等为主的服务产业，以及广告会展、动漫游戏、生态观光农业等新兴第三产业。但由于高速铁路沿线设站城市众多，如果产业选择雷同，难免导致同质化竞争严重，最终降低城市竞争力。因此，合理的产业定位需要不同设站城市充分审视自身优势、劣势，并结合地方特色进行差异化发展。例如：宁夏高速铁路沿线的机场站应充分发挥河东机场和高速铁路相结合的独特优势，定位为多功能运输中心，以此为产业选择的准则；银川站应结合当地产学研资源、都会区的区位优势，建设高端商务园区；中卫南站应通过充分利用沙坡头及黄河旅游资源，强化观光旅游产业。

三、发挥枢纽效应，推动枢纽地区产业转型升级

以高速铁路枢纽为核心所形成的区域，其能级往往会大于其他交通枢纽形成的影响，这主要是因为高速铁路以其便捷的交通优势汇集了更大范围的人流、物流、信息流，带动了相关产业的集聚发展，而产业集聚又将带动人流、物流、信息流的进一步流转与集聚，有助于推动枢纽地区的产业转型升级。当然，这一过程的实现程度以及实现速度有赖于城市的内生动力强弱。从发达经济体高速铁路枢纽地区的产业发展路径来看，这是一个不断转型升级的过程。以法国里尔高速铁路枢纽为例，凭借 TGV 的优势，其最初在枢纽站周边地区主要配备的是物流与会展功能，接下来则发展了诸如商务、酒店、购物、休闲娱乐、旅游、金融和会展等服务型产业，逐步满足了商务办公的需求，并最终成长为综合枢纽中心，实现了城市产业的整体升级。德国法兰克福最开始则以公共服务配套——会展中心及高速铁路站场改建作为双启动引擎，会展周边的服务产业链作为辅助引擎，最后派生出居住属性，促使区域的发展态势初步显现。而日本新干线品川站的周边地区产业是从最初的居住等生活性服务业，逐步发展为高档写字楼、高级酒店、购物及居住区等综合性的商业中心。

因此，对于宁夏来说，在蓬勃开展的高速铁路建设过程中，应特别注重枢纽地区的产业开发，尤其是在产业战略定位时应该力避千篇一律，充分发挥地方相对优势，突出体现城市地域特色；对于具体的产业类型选择，既要依据枢纽等级的不同而有所侧重，又要认识到高速铁路枢纽地区产业的发展是一个动态的过程，产业选择应当符合区域发展阶段的要求，不断推动其转型升级。

第三节　借力高速铁路推进宁夏“全域旅游”示范省（区）建设

交通作为沟通旅游需求和旅游供给的桥梁，是旅游发展不可或缺的先决条件。交通条件的改善和发展将给旅游经济发展带来深远的影响，并引起区域旅游空间格局的重构和演变。高速铁路建设是中国“交通革命”的一个重要标志，其产生明显的“时空压缩”效应将提升区域间的交通可达性，扩大城市旅游影响力范围，提高地区间的旅游经济联系，从而深刻地改变城市旅游的空间格局——这对于地处内陆、交通条件相对落后的宁夏来说，尤为重要。

一、宁夏旅游业资源与发展现状

陆地面积只占全国0.69%、拥有旅游资源类型却占全国48.4%的宁夏回族自治区，被誉为“中国旅游的微缩盆景”，到处有景，随处可游，具有极为丰富的旅游资源和发展全域旅游的独特优势。在自然方面，宁夏地处东部季风区与西北干旱区，其地理过渡带的特征孕育了多样性的自然景观。在全国十大类95种基本类型的旅游资源中，宁夏占八大类46种，这里有高山、沙漠、草原、湿地、森林、峡谷、黄土高坡、丹霞地貌等，尤其是水域景观独具特色。黄河自甘肃进入宁夏中卫市，向北延伸至石嘴山；沿河两岸，湖泊、湿地星罗棋布，农田、草原一望无垠，形成了一条壮观的水域景观带；其自然景观既具有北方的雄浑粗犷，又有南方的妩媚秀丽，在干旱半干旱地区实属罕见，具有无可比拟的景观异质性特征，“塞上江南”实至名归。在人文方面，在漫长的历史文化变迁过程中，宁夏形成了以回族文化、西夏文化为主体，丝路文化、黄河文化、边塞文化、移民文化、红色文化并存的多元文化区，具有十分丰富的文旅产业发展资源。

截至2016年6月，宁夏旅游企业已达到900多家，A级以上景区达到58家，其中：5A级4家，4A级6家，星级饭店102家，旅行社121家，乡村旅游点380家。全区旅游直接从业人员达5万余人，间接带动就业近30万人，乡村旅游快速发展，直接从业人员1万人，带动就业7万人。宁夏保持了旅游业持续快速健康发展的势头。2016年全年宁夏接待国内游客2150万人次，首次突破2000万人次大关，同比增长17.1%；旅游总收入210亿元，首次突破200亿元，同比增长30.2%。旅游总收入占全区GDP的比重达到6.73%，旅游业跨入全区支柱产业行业。2017年第一季度，宁夏接待国内游客和实现旅游收入同比增长

190.72%和99.21%，旅游业在稳增长、调结构、扩内需、惠民生等方面发挥了重要作用。

二、宁夏“全域旅游”试点省区建设

全域旅游是指在一定区域内，以旅游业为优势产业，通过对区域内经济社会资源尤其是旅游资源、相关产业、生态环境、公共服务、体制机制、政策法规、文明素质等进行全方位、系统化的优化提升，实现区域资源有机整合、产业融合发展、社会共建共享，以旅游业带动和促进经济社会协调发展的一种新的区域协调发展理念和模式。

2016 年，习近平总书记视察宁夏，做出了“发展全域旅游，路子是对的，要坚持走下去”的重要指示。习近平总书记的宁夏讲话，开启了中国全域旅游发展的新纪元。2016 年中美旅游峰会在宁夏的成功举办，成为宁夏建设全域旅游示范区的重要契机。随后，在中卫举行的第二届全国全域旅游推进会上，国家旅游局宣布同意宁夏创建“国家全域旅游示范区”，并将在旅游基础设施和公共服务建设、旅游项目建设、重点旅游品牌创建、宣传推广、人才培训等方面给予宁夏重点支持。由此，宁夏成为继海南之后的第二个省级全域旅游示范区创建单位，其中，中卫、泾源、平罗、青铜峡、永宁、西夏成为首批国家全域旅游示范区试点单位。作为全国第二家全域旅游示范（省）区创建单位，宁夏站在了中国全域旅游发展的前沿，宁夏旅游业正面临着跨越发展的黄金机遇期。在此基础上，宁夏党委、政府充分发挥内陆经济开放试验区和银川综合保税区的各项政策优势，从全域旅游的视角，把旅游业发展作为宁夏开放的先导产业、支柱产业、富民产业和绿色产业，为宁夏旅游业的国际化和全域化发展指明了方向，并在全国范围内，率先制定了《宁夏全域旅游发展三年行动计划》。2017 年初，宁夏按照“全景、全业、全时、全民”的全域旅游发展模式，编制“十三五”全域旅游发展规划。预计到 2020 年，宁夏游客接待量将突破 3000 万人次，旅游总收入突破 300 亿元，旅游投资年增长 20% 以上，中南部地区旅游总收入占 GDP 的 9% 以上，直接就业 3 万人，间接就业 15 万人，发展农家乐 1000 户以上，带动贫困户 3000 户以上，参与旅游产业的贫困户人均年收入达到 1 万元以上。显然，发展全域旅游将成为拉动宁夏经济增长、带动转型升级、实现创业创新的“强劲引擎”。

三、借力高速铁路促进宁夏全域旅游示范（省）区建设

发展全域旅游，创建全域旅游示范省（区），就是要把旅游业作为区域经济发展的新引擎，创新体制机制，加大投入力度，推动旅游业与相关产业的融合发展，培育区域经济新的增长极，不断提高旅游业对经济社会发展的贡献力，真正把旅游业打造成为支撑宁夏经济建设的支柱产业。

考虑到全域旅游中“域”的全地域、全领域和全时域特征，加速建成完备的快速交通网络是宁夏发展全域旅游的突破口之一。其中，铁路作为宁夏旅游的大动脉和导入旅游人口的重要载体，在宁夏发展全域旅游过程中发挥着重要作用。尤其是借力国家发展全域旅游和实施“一带一路”倡议过程中加快宁夏旅游业发展的契机，宁夏旅游局不断探索“旅游 + 铁路”模式，并推动由宁夏回族自治区政府和中卫市政府以及沙湖、沙坡头景区等冠名的“丝路驿站—宁夏号”“丝路驿站—银川号”“丝路驿站—塞上江南号”“丝路驿站—沙坡头号”“丝路驿站—沙湖号”5 对旅游品牌列车的相继开通。特别是银川至北京 Z275/7 次冠名为“丝路驿站—宁夏号”直达特快旅客列车的开通，结束了宁夏没有高品质列车的历史。这 5 对冠名旅游品牌列车的开通，有助于对宁夏特色旅游资源和旅游品牌进行集中展示和广泛宣传，拉近了宁夏与全国各地的距离，增强了国内外游客对宁夏的亲近感，让更多的人走进宁夏、了解宁夏，为宁夏的旅游业快速发展做出了突出贡献。

但仍应看到，宁夏的快速交通基础设施建设仍处于相对落后的状态，由于区位与地理条件的限制，宁夏距离经济发达地区市场远、时间花费长，从而在一定程度上阻碍了宁夏旅游的发展。以银川至北京的直达特快列车为例，从北京西站至宁夏银川站的运行时间仍近 11 个小时，过长的时间花费阻碍了依托铁路发展旅游的空间，而且在高速铁路时代，宁夏游离在纵横交错的高速铁路网之外，进一步强化了银川的区位劣势，加剧了旅游资源开发利用的困难。而宁夏高速铁路的建设运营，以及与全国高速铁路网的对接，将大大提升宁夏旅游资源的可达

性。根据宁夏高速铁路的规划，在全部高速铁路建成通车后，宁夏的高速铁路将实现与全国高速铁路网的全面接轨，向东联系长三角经济区方向，向南联系川渝以及珠三角经济区方向，向西联系兰白经济区，向北联系京津冀经济区方向。届时，从银川到兰州的时间将缩短至 2 小时，到西安 3 小时，到北京、重庆、成都各 5 小时，到上海 7 小时，到广州 10 小时。快速压缩的时空效应将有助于促进宁夏旅游资源的可达性，推动宁夏旅游资源向经济资源的转化，发挥自身自然、资源、文化方面的优势，发展具有特色的旅游产业，与东部地区形成错位竞争，并与西北地区的旅游资源形成组团发展，进一步转变旅游发展的方式，打破“低－低”集聚现状，实现跨区域合作。此外，还应加快高速铁路旅游服务设施建设，实现高速铁路与城市交通的“无缝对接”。加快推进旅行社向高速铁路站点聚集，支持重点旅行社在高速铁路站点设立经营点，实现旅行社对高速铁路游客的一条龙服务。高速铁路沿线以外的城市要根据区位条件，主动与城市对接，吸引高端游客向宁夏全区延伸覆盖，充分借助高速铁路推进宁夏的全域旅游示范（省）区建设。

第四节　加强宁夏高速铁路经济带建设和城市间协同发展

高速铁路经济带是以高速铁路为主轴、以其他交通方式为辅，在经济相对发达、人口较为密集、要素流动需求较大的区域内，联结两个以上终端大城市和众多中小型城镇作腹地的开放有序的地理空间单元。高速铁路的开通对占尽交通优势的城市是“锦上添花”，对受困于交通瓶颈的地区则是“雪中送炭”。宁夏高速铁路的建设运营，使得宁夏具有了联通内外的主轴，具有了形成经济带的可能，即通过对沿线区域经济的带动、促进沿线要素及经济活动集聚、促进沿线区域的一体化，进而逐步在高速铁路沿线区域形成一个经济较为发达、要素密集流动、经济活动活跃的高速铁路经济带。这有助于加强沿线城市间的经济合作，对于提高宁夏高速铁路沿线地区的整体经济发展实力、促进区内各地区经济协调发展具有重要意义。

一、完善区内配套交通基础设施建设

银川作为宁夏的首府，借力高速铁路的开通，将进一步提升银川的城市功能并增强其节点中心性地位，放大银川对周边区域经济社会发展的推动与辐射作用，稳固其区域中心地位。在做大做强高速铁路沿线主要节点城市的同时，更重要的是，要强化节点城市与中小型城市的联结，形成高速铁路沿线地区“一轴多点”“差异有序”“协同发展”的经济格局。这就要求在推进高速铁路主通道建设的同时，进一步完善区域内配套交通基础设施建设。

一方面，沿线各市区市内交通要主动对接高速铁路。做好轨道交通、公路客运、城市公交等交通线路规划和站点设置，完善配套交通基础设施建设和城市交通网络，尤其是着力推进城区、度假区和主要旅游景区间的连接道路建设，合理配置公共交通资源，使城市交通的站点设置与高速铁路站点充分衔接；另一方面，要做好高速铁路沿线城市与周边地区间的交通对接，形成完善的交通网络、换乘网络，推进都市圈内城际交通实现无缝化、同城化、快速化。尤其是加快区内快速交通线路项目建设，推进旧线路改造工程。增开二、三线城市普通列车，加强区域内部高速公路网络连接，强化中小城市与大城市的经济联系，发挥大城市的经济辐射作用。并以此为纽带，优化城镇布局，加快生产要素流动，实现区域城市间协同发展。

二、推进区域内产业协调发展

建设宁夏高速铁路经济带，需要在明确沿线各市产业发展重点的基础上加强彼此之间的分工合作，形成发展合力。这就要求在省级层面加强规划协调，尽快组织编制《宁夏高速铁路经济带发展规划》，研究制定区域产业布局、重大项目、市场体系、生态环境整治与保护等战略规划，明确经济带的发展战略、发展目标、发展重点和加快发展的政策措施。与此同时，应建立区内高速铁路沿线城市一体化发展协调推进机制，加强彼此之间的沟通与交流，以推进和深化各市之间的产业协调发展。

首先，应借助东部地区产业向中西部和东北地区转移的契机，充分发挥宁夏资源、政策以及高速铁路建成后的交通优势，整体提升宁夏承接发达省市相关产业转移的能力。例如，积极承接风电设备、农牧业机械、工程机械等装备制造业以及模具、关键零部件等配套产业的转移；立足特色农畜产品资源，积极承接深加工产业、精加工产业转移；依托自身资源优势和已有工业园区，推进高导热石墨块、石墨烯、石墨纸、金刚石等高端产品的技术研发产业导入，等等。

其次，在区域内部，要不断推进市区间产业的分工协调发展。银川作为宁夏省会，具备较好的经济基础和相对完善的产业结构体系，现代服务业在服务业增加值中的比重达到45.6%。因此，在高速铁路经济带建设过程中，银川宜在依托现有产业优势的基础上，集中力量发展现代服务业，着力构建核心竞争力突出、特色优势明显、发展方式较为先进的现代服务业产业体系，重点提升区域性金融商贸中心、科技创新中心、文化交流中心等功能，增强核心引领带动作用，积极打造现代服务业聚集区，增强省会城市所应具有的控制力、辐射力与服务力；石嘴山应重点提升城市产业和人口集聚能力，加快老工业基地调整和循环化改造，着力推进城市转型发展；吴忠则应重点完善城市综合配套服务功能，加快推进“中国制造2025”试点示范城市、特色农产品生产加工基地建设；宁东基地重点推进产业聚集、配套协作、产城融合，着力打造国内乃至世界一流的现代化能源化工基地。在此基础上，进一步加快高速铁路经济带内的产业分工、合作，推动产业发展从同质化向异质化、专业化发展，尽早形成无障碍的物流“绿色通道”，加强区内高速铁路沿线城市之间的区域合作和产业协调。

最后，应不断完善产业链条，增强集群互补优势。在高速铁路经济带建设过程中，要特别注重区域产业链条的完善，增强集群互补优势，这就意味着高速铁路沿线各地区应根据自身优势推动产业链条尤其是关键环节的建立与完善，逐步向产业链与价值链的高端发展。具体来看，一是要立足主导优势产业，在钢铁、装备制造、石化等领域，通过延长产业链条，重点培育一批具有国际竞争力的先进制造产业链；二是要立足新兴优势产业，依托自身优势进行重点突破，在信息产业、研发设计、生物医药、新材料等领域，做大做强一批新兴优势产业链；三是要立足传统优势产业，在建材、家电、家具、纺织等领域，推动互联网信息技术的应用，并通过品牌化战略的实施，调整优化现有的传统产业链。此外，还要发挥大中型龙头企业核心技术强、引领辐射作用大的优势，通过延伸产业链条，带动上下游相关产业实现技术共享，引导其从提供产品向提供“产品 + 服务”整体解决方案转变。

三、优化经济发展软环境

推进高速铁路经济带建设与沿线城市的协调发展，是一个系统工程。在推进区域内交通基础设施建设与产业协调发展的同时，还需建立良好的、与经济发展目标相适应的制度与政策，通过提供财政、税收、人才、教育、医疗等政策的引导，为高速铁路经济带建设与发展打造良好的软环境。

产业集聚与产业协调发展并不是产业内企业在空间上的简单“扎堆”，而是人才、技术等要素在空间内的有效集聚。伴随着宁夏高速铁路开通以及高速铁路经济带的建设，无疑将增强宁夏对人才、技术等生产要素的巨大需求。这也使得制定更加有效的政策措施，提高宁夏高速铁路沿线城市对人才、技术等资源的吸引力，创造更为优良的引资、引才软环境变得至关重要。

首先，要紧扣宁夏战略性新兴产业需求，探索人才与产业的“无缝对接”，定期发布人才需求目录，以“人才链”支撑“产业链”，多种措施并举吸引关键产业发展的急需人才。坚持“内培外引”战略方针，尤其要大力引进高素质人才参与宁夏高速铁路经济带建设，增强宁夏高速铁路经济带与区域经济发展的人才支撑。

其次，要强化对引进的紧缺人才和高层次人才，在落户、住房、社保、医疗保障、子女入学和配偶就业等方面的特殊政策和直通便捷服务，营造良好的政策环境、人文环境及生活环境，确保人才引得来、留得住、用得好。

再次，要充分利用大学、科研机构等的创新资源，进行技术人才培养，为高速铁路经济带建设提供更好的人才保障和智力支撑。尤其是依托宁夏职业教育的发展基础和优势，大力发展职业教育，为宁夏冶金、汽车和机械三大支柱产业及其相关配套产业提供中端人才支撑。

最后，要打破体制界限，通过制定合理的人才流动政策，实现人才有序顺畅流动。与此同时，应加大教育、医疗等公共服务投入，实现公共服务跨城共享，逐步破除区域间社会福利与公共服务的制度障碍，转变社会管理模式，变“行政区管理”为“跨界都市圈管理”，以适应高速铁路建设运营带来的城际要素大流动、大交换、大重组和跨界城市“同城化”的社会要求，重塑新的区域管理框架体系。

参考文献

Atack, J. , F. Bateman, M. Haines, and R. A. Margo. Did Railroads Induce or Follow Economic Growth [J] . Social Science History, 2010, 34 (2), 171 -197.

Bougheas, S, P. Demetriades and T. Mamuneas. Infrastructure, Specialization, and Economic Growth [J] . Canadian Journal of Economics, 2000 (33): 506 -522.

Cavallo, E. and C. Daude. Public Investment in Developing Countries: A Blessing or a Curse? [J] . Journal of Comparative Economics, 2011 (39): 65 -81.

Donaldson, D. Railroads of the Raj: Estimating the Impact of Transportation Infrastructure [D] . NBER Working Paper, 2010.

Duranton, G. , P. M. Morrow, and M. A. Turner. Roads and Trade: Evidence from the US [J] . Review of Economic Studies, 2014, 81 (2): 681 -724.

Delorme, C. , H. Thompson, and R. Warren. Public Infrastructure and Private Productivity: A Stochastic - frontier Approach [J] . Journal of Macroeconomics, 1999 (21): 563 -576.

Fernald, J. G. Roads to Prosperity? Assessing the Link between Public Capital and Productivity [J] . American Economic Review, 1999, 89 (3): 619 -638.

Hong, J. , Chu Z. , and Wang, Q. Transport Infrastructure and Regional Economic Growth: Evidence from China [J] . Transportation, 2011 (38): 737 -752.

Humphrey, J. , and H. Schmitz. How does Insertion in Global Value Chains Affect Upgrading Industrial Dusters? [J] . Regional Studies, 2002, 36 (9): 7 -14.

Jacoby, H. G. , and B. Minten. On Measuring the Benefits of Lower Transport Costs [J] . Journal of Development Economics, 2009, 89 (1): 28 – 38.

Kingsley E Haynes. Labor Markets and Regional Transportation Improvements: The Case of High – speed Trains [J] . The Annals of Regional Science, 1997, 31 (1): 57 – 76.

Riedel, J. , J. Jin, and J. Gao. How China Grows: Investment, Finance, and Reform [M] . Princeton University Press, 2007.

Sophie Masson and Romain Petiot. Can the High Speed Rail Reinforce Tourism Attractiveness? The Case of the High Speed Rail between Perpignan (France) and Barcelona (Spain) [J] . Technovation, 2009 (29): 611 – 617.

Vickerman, R. , and Ulied, A. Indirect and Wider Economic Impacts of High Speed Rail [J] . Economic Analysis of High Speed Rail in Europe, 2006, 23 (3): 3 – 13.

西蒙·库兹涅茨．各国的经济增长［M］．北京：商务印书馆，1985.

赫希曼著，曹征海、潘照东译．经济发展战略［M］．北京：经济科学出版社，1991.

韩彪．交通运输发展理论［M］．大连：大连海事大学出版社，1994.

宁夏能源年鉴编辑委员会．宁夏能源年鉴［M］．银川：宁夏人民出版社，2008.

骆玲，曹洪．高速铁路的区域经济效应研究［M］．成都：西南交通大学出版社，2010.

高柏．高铁与中国21世纪大战略［M］．北京：社会科学文献出版社，2012.

甄志宏，高柏．高铁：欧亚大陆经济整合与中国21世纪大战略［M］．北京：社会科学文献出版社，2015.

克里斯蒂安·沃尔玛尔著，刘微译．铁路改变世界［M］．上海：上海人民出版社，2014.

白重恩，冀东星．交通基础设施与出口：来自中国国道主干线的证据［J］．世界经济，2018（1）：101 – 122.

卞元超，吴利华，白俊红．高铁开通、要素流动与区域经济差距［J］．财贸经济，2018（6）：149－163.

卞元超，吴利华，白俊红．高铁开通是否促进了区域创新？［J］．金融研究，2019（6）：132－149.

初楠臣，张平宇，姜博．基于日高铁流量视角的中国高速铁路网络空间特征［J］．地理研究，2018（11）：71－83.

陈丰龙，王美昌，徐康宁．中国区域经济协调发展的演变特征：空间收敛的视角［J］．财贸经济，2018（7）：130－145.

陈坚，潘国庆，李和平，王超深．香港轨道交通与新城协调发展历程与启示［J］．城市交通，2018（4）：43－50.

陈丰龙，徐康宁，王美昌．高铁发展与城乡居民收入差距：来自中国城市的证据［J］．经济评论，2018（2）：59－73.

陈丽丽，逯建，洪占卿．交通基础设施的改善能带来多大的外贸增长？［J］．投资研究，2014（9）：53－68.

丁金学，金凤君，王姣娥，刘东．高速铁路与民航的竞争博弈机器空间效应——以京沪高速铁路为例［J］．经济地理，2013（5）：104－110.

戴学珍，徐敏，李杰．京沪高速铁路对沿线城市效率和空间公平的影响［J］．经济地理，2016（3）：72－77，108.

杜兴强，彭妙薇．高速铁路开通会促进企业高级人才的流动吗？［J］．经济管理，2017（12）：89－107.

董志升，佟立本．世界高速铁路的发展历程［J］．铁道运输与经济，1995（12）：23－24.

董锁成，杨洋，李富佳．中蒙俄高铁建设的影响机理及对策［J］．地理学报，2019（2）：99－113.

董艳梅，朱英明．高铁建设能否重塑中国的经济空间布局——基于就业、工资和经济增长的区域异质性视角［J］．中国工业经济，2016（10）：92－108.

范欣，姚常成．时空压缩下的经济趋同［J］．求是学刊，2018（5）：60－70.

方红生，张军．中国地方政府竞争、预算软约束与扩张偏向的财政行为［J］．经济研究，2009（12）：4－16.

甘静，张羽慈，魏冶等．吉林省高速铁路经济下的旅游效应研究——以长珲高速铁路为例［J］．吉林师范大学学报（自然科学版），2017（1）：135－140.

郭向阳，穆学青，明庆忠．旅游地快速交通优势度与旅游流强度的空间耦合分析［J］．地理研究，2019，38（5）：121－137.

黄亚玲，李晓瑞．宁夏“1＋4”特色农业产业增长及其质量分析［J］．宁夏农林科技，2018（12）：79－82.

厚正芳，吴正强．宁夏葡萄产业现状与发展趋势研讨［J］．农业与技术，2017（24）：150，168.

郝伟伟，张梅青．交通改进、城市紧凑度与城市生产率关系实证研究——基于中国地级市空间面板数据计量分析［J］．经济问题探索，2016（3）：66－75.

贾朋，都阳，王美艳．中国农村劳动力转移与减贫［J］．劳动经济研究，2016（6）：69－91.

姜博，初楠臣，王媛．高速铁路对城市与区域空间影响的研究述评与展望［J］．人文地理，2016（1）：16－25.

姜博，初楠臣，黎赟．高铁可达性与土地价值：文献述评与展望［J］．经济地理，2019（7）：9－13，21.

贾善铭，覃成林．国外高铁与区域经济发展研究动态［J］．人文地理，2014（2）：13－18.

隆国强．全球化背景下的产业升级新战略——基于全球生产价值链的分析［J］．国际贸易，2007（7）：27－34.

罗明忠，项巧赟．借力高速铁路助推农业转型升级［J］．新疆农垦经济，2019（5）：19－24.

刘晓光，张勋，方文全．基础设施的城乡收入分配效应：基于劳动力转移的视角［J］．世界经济，2015，38（3）：145－170.

刘怡，张宁川，周凌云．高铁建设与区域均衡发展——来自京津冀高铁通车的证据［J］．北京大学学报（哲学社会科学版），2018（3）：62－73.

刘志国，边魏魏．负向涓滴效应：经济增长与收入分配的恶化［J］．南京财经大学学报，2013（4）：1－7.

刘志红，王利辉．交通基础设施的区域经济效应与影响机制研究——来自郑西高铁沿线的证据［J］．经济科学，2017（2）：34－48.

李磊，陆林，穆成林．高铁网络化时代典型旅游城市旅游流空间结构演化——以黄山市为例［J］．经济地理，2019（5）：207－216，225.

李红昌，Linda Tjia，胡顺香等．高速铁路与经济增长的因果关系——基于时空理论视角下中国省域面板数据的计量分析［J］．长安大学学报（社会科学版），2016（4）：31－43.

李新光，黄安民．高铁对县域经济增长溢出效应的影响研究——以福建省为例［J］．地理科学，2018（2）：233－241.

满玲．区域可达性在地区经济增长中的效应——以贵州省为例［J］．经济研究导刊，2019（22）：50－52.

马祖琦，简德三，沈洪．东京和香港轨道交通站场综合开发启示［J］．都市快轨交通，2015（6）：144－148.

年猛．交通基础设施、经济增长与空间均等化——基于中国高速铁路的自然实验［J］．财贸经济，2019（8）：146－161.

欧阳南江，陈中平，杨景胜．香港轨道交通的经验及其启示［J］．城市与区域规划研究，2017（2）：79－88.

孙娜，张梅青，陶克涛．交通基础设施对民族地区经济增长的影响——兼论民族地区高铁建设［J］．中央民族大学学报（哲学社会科学版），2019，46（1）：98－107.

谭克虎，张超．西班牙政府对高速铁路支持政策研究［J］．综合运输，2013（12）：73－79.

唐东波．挤入还是挤出：中国基础设施投资对私人投资的影响研究［J］．金融研究，2015（8）：31－45.

汪德根．旅游地国内客源市场空间结构的高速铁路效应［J］．地理科学，2013（7）：797－805.

汪德根．武广高速铁路对湖北省区域旅游空间格局的影响［J］．地理研究，2013（8）：1555－1564.

汪德根．京沪高速铁路对主要站点旅游流时空分布影响［J］．旅游学刊，2014（1）：75－82.

汪德根，牛玉，王莉．高速铁路对旅游者目的地选择的影响：以京沪高速铁路为例［J］．地理研究，2015（9）：1770－1780.

王惠臣．中国高速铁路技术经济分析［J］．铁道经济研究，2010（6）：35－38.

王姣娥，焦敬娟，金凤君．高速铁路对中国城市空间相互作用强度的影响［J］．地理学报，2014（12）：1934－1944.

王姣娥，景悦，杨浩然．高速铁路对国内民航旅客运输的替代效应测度［J］．自然资源学报，2019（9）：1933－1944.

王天琪．“一带一路”背景下民族地区产业发展研究——以宁夏中药材产业为例［J］．中国商论，2018（3）：148－149.

王欣，邹统钎．高速铁路网对我国区域旅游产业发展与布局的影响［J］．经济地理，2010（7）：1189－1194.

王雨飞，倪鹏飞．高速铁路影响下的经济增长溢出与区域空间优化［J］．中国工业经济，2016（2）：21－36.

文嫮，韩旭．高铁对中国城市可达性和区域经济空间格局的影响［J］．人文地理，2017（1）：105－114.

宣烨．生产性服务业空间集聚与制造业效率提升——基于空间外溢效应的实证研究［J］．财贸经济，2012（4）：121－128.

徐长乐，郇亚丽．高铁时代到来的区域影响和意义［J］．长江流域资源与环境，2011（6）：650－654.

徐银凤，汪德根．中国城市空间结构的高铁效应研究进展与展望［J］．地理科学进展，2018（9）：60－74.

闫先东，朱迪星．基础设施投资的经济效率：一个文献综述［J］．金融评论，2017（6）：113－126，130.

姚枝仲．国际投资与产业升级的动态学［J］．东南大学学报（哲学社会科学版），2011（6）：5－8.

俞路，赵佳敏．京沪高铁对沿线城市地区间溢出效应的影响［J］．世界地理研究，2019（1）：47－57.

殷平，杨寒胭，张同颢．高速铁路网与京津冀旅游：空间作用与结构演化［J］．旅游学刊，2019（3）：102－112.

杨瑞．区域发展阶段理论与宁夏经济非均衡发展［J］．武汉培训学院学报，2007（6）：107－108.

张光南，李小瑛，陈广汉．中国基础设施的就业、产出和投资效应——基于1998－2006年省际工业企业面板数据研究［J］．管理世界，2010（4）：5－13，31.

张光南，宋冉．中国交通对“中国制造”的要素投入影响研究［J］．经济研究，2013（7）：63－75.

张克中，陶东杰．交通基础设施的经济分布效应——来自高速铁路开通的证据［J］．经济学动态，2016（6）：62－73.

张梦婷，俞锋，钟昌标，林发勤．高速铁路对城市经济的影响研究［J］．中国工业经济，2018（5）：137－156.

张俊．高铁建设与县域经济发展——基于卫星灯光数据的研究［J］．经济学（季刊），2017（4）：301－330.

张明志，余东华，孙婷．高铁开通对城市生产体系绿色重构的影响［J］．中国人口·资源与环境，2019（7）：41－49.

张学良，聂清凯．高速铁路建设与中国区域经济一体化发展［J］．现代城市研究，2010（6）：6－10.

张艳艳，于津平．交通基础设施、相邻效应与双边贸易——基于中国与“一带一路”国家贸易数据的实证研究［J］．当代财经，2018（3）：98－109.

仲俊涛，米文宝等．改革开放以来宁夏区域差异与空间格局研究——基于人口、经济和粮食重心的演变特征及耦合关系［J］．经济地理，2014（5）：14－20.

赵文，陈云峰．高速铁路的区域分配效应：基于理论与实证的研究［J］．经济社会体制比较，2018（3）：44－52.

周靖祥．高铁设站城市成长与区域联动发展动力学研究［J］．经济社会体制比较，2018（3）：30－43.